思想的・睿智的・獨見的

經典名著文庫

策劃　楊榮川

五南圖書出版公司 印行

經典名著文庫

學術評議者簡介（依姓氏筆畫排序）

- 丘為君　美國俄亥俄州立大學歷史研究所博士
- 吳惠林　美國芝加哥大學經濟系訪問研究、臺灣大學經濟系博士
- 宋鎮照　美國佛羅里達大學社會學博士
- 林玉体　美國愛荷華大學哲學博士
- 邱燮友　國立臺灣師範大學國文研究所文學碩士
- 洪漢鼎　德國杜塞爾多夫大學榮譽博士
- 孫效智　德國慕尼黑哲學院哲學博士
- 秦夢群　美國麥迪遜威斯康辛大學博士
- 高明士　日本東京大學歷史學博士
- 高宣揚　巴黎第一大學哲學系博士
- 張光宇　美國加州大學柏克萊校區語言學博士
- 張炳陽　國立臺灣大學哲學研究所博士
- 陳秀蓉　國立臺灣大學理學院心理學研究所臨床心理學組博士
- 陳思賢　美國約翰霍普金斯大學政治學博士
- 陳清秀　美國喬治城大學訪問研究、臺灣大學法學博士
- 陳鼓應　國立臺灣大學哲學研究所
- 曾永義　國家文學博士、中央研究院院士
- 黃光國　美國夏威夷大學社會心理學博士
- 黃光雄　國家教育學博士
- 黃昆輝　美國北科羅拉多州立大學博士
- 黃政傑　美國麥迪遜威斯康辛大學博士
- 楊維哲　美國普林斯頓大學數學博士
- 葉海煙　私立輔仁大學哲學研究所博士
- 葉國良　國立臺灣大學中文所博士
- 廖達琪　美國密西根大學政治學博士
- 劉滄龍　德國柏林洪堡大學哲學博士
- 黎建球　私立輔仁大學哲學研究所博士
- 盧美貴　國立臺灣師範大學教育學博士
- 薛化元　國立臺灣大學歷史學系博士
- 謝宗林　美國聖路易華盛頓大學經濟研究所博士候選人
- 簡成熙　國立高雄師範大學教育研究所博士
- 顏厥安　德國慕尼黑大學法學博士

經典名著文庫160

哲學原理

Principia Philosophiæ

勒內・笛卡兒（René Descartes）著
關文運 譯
張炳陽 導讀

經典永恆・名著常在

五十週年的獻禮・「經典名著文庫」出版緣起

總策劃 楊榮川

五南，五十年了。半個世紀，人生旅程的一大半，我們走過來了。不敢說有多大成就，至少沒有凋零。

五南忝爲學術出版的一員，在大專教材、學術專著、知識讀本出版已逾壹萬參仟種之後，面對著當今圖書界媚俗的追逐、淺碟化的內容以及碎片化的資訊圖景當中，我們思索著：邁向百年的未來歷程裡，我們能爲知識界、文化學術界做些什麼？在速食文化的生態下，有什麼值得讓人雋永品味的？

歷代經典・當今名著，經過時間的洗禮，千錘百鍊，流傳至今，光芒耀人；不僅使我們能領悟前人的智慧，同時也增深加廣我們思考的深度與視野。十九世紀唯意志論開創者叔本華，在其〈論閱讀和書籍〉文中指出：「對任何時代所謂的暢銷書要持謹愼的態度。」他覺得讀書應該精挑細選，把時間用來閱讀那些「古今中外的偉大人物的著作」，閱讀那些「站在人類之巓的著作及享受不朽聲譽的人們的作品」。閱讀就要「讀原著」，是他的體悟。他甚至認爲，閱讀經典原著，勝過於親炙教誨。他說：

「一個人的著作是這個人的思想菁華。所以，儘管一個人具有偉大的思想能力，但閱讀這個人的著作總會比與這個人的交往獲得更多的內容。就最重要的方面而言，閱讀這些著作的確可以取代，甚至遠遠超過與這個人的近身交往。」

爲什麼？原因正在於這些著作正是他思想的完整呈現，是他所有的思考、研究和學習的結果；而與這個人的交往卻是片斷的、支離的、隨機的。何況，想與之交談，如今時空，只能徒呼負負，空留神往而已。

三十歲就當芝加哥大學校長、四十六歲榮任名譽校長的赫欽斯（Robert M. Hutchins, 1899-1977），是力倡人文教育的大師。「教育要教眞理」，是其名言，強調「經典就是人文教育最佳的方式」。他認爲：

「西方學術思想傳遞下來的永恆學識，即那些不因時代變遷而有所減損其價值的古代經典及現代名著，乃是眞正的文化菁華所在。」

這些經典在一定程度上代表西方文明發展的軌跡，故而他爲大學擬訂了從柏拉圖的《理想國》，以至愛因斯坦的《相對論》，構成著名的「大學百本經典名著課程」。成爲大學通識教育課程的典範。

歷代經典．當今名著，超越了時空，價值永恆。五南跟業界一樣，過去已偶有引進，但都未系統化的完整舖陳。我們決心投入巨資，有計劃的系統梳選，成立「經典名著文庫」，希望收入古今中外思想性的、充滿睿智與獨見的經典、名著，包括：

- 歷經千百年的時間洗禮，依然耀明的著作。遠溯二千三百年前，亞里斯多德的《尼各馬科倫理學》、柏拉圖的《理想國》，還有奧古斯丁的《懺悔錄》。
- 聲震寰宇、澤流遐裔的著作。西方哲學不用說，東方哲學中，我國的孔孟、老莊哲學，古印度毗耶娑（Vyāsa）的《薄伽梵歌》、日本鈴木大拙的《禪與心理分析》，都不缺漏。
- 成就一家之言，獨領風騷之名著。諸如伽森狄（Pierre Gassendi）與笛卡兒論戰的《對笛卡兒沉思錄的詰難》、達爾文（Darwin）的《物種起源》、米塞斯（Mises）的《人的行爲》，以至當今印度獲得諾貝爾經濟學獎阿馬蒂亞．

森（Amartya Sen）的《貧困與饑荒》，及法國當代的哲學家及漢學家余蓮（François Jullien）的《功效論》。

梳選的書目已超過七百種，初期計劃首爲三百種。先從思想性的經典開始，漸次及於專業性的論著。「江山代有才人出，各領風騷數百年」，這是一項理想性的、永續性的巨大出版工程。不在意讀者的眾寡，只考慮它的學術價值，力求完整展現先哲思想的軌跡。雖然不符合商業經營模式的考量，但只要能爲知識界開啓一片智慧之窗，營造一座百花綻放的世界文明公園，任君遨遊、取菁吸蜜、嘉惠學子，於願足矣！

最後，要感謝學界的支持與熱心參與。擔任「學術評議」的專家，義務的提供建言；各書「導讀」的撰寫者，不計代價地導引讀者進入堂奧；而著譯者日以繼夜，伏案疾書，更是辛苦，感謝你們。也期待熱心文化傳承的智者參與耕耘，共同經營這座「世界文明公園」。如能得到廣大讀者的共鳴與滋潤，那麼經典永恆，名著常在。就不是夢想了！

二〇一七年八月一日　於

五南圖書出版公司

導讀

笛卡兒的《哲學原理》：哲學系統性原則的建立

國立臺北教育大學語文與創作學系退休教授 張炳陽

一、引言

笛卡兒（René Descartes，一五九六—一六五〇）是法國十七世紀哲學家和數學家，一般哲學史都將他定位為「近代哲學之父」、「近代理性主義哲學的開創者」。從以上這兩個稱謂可以理解到，近代哲學的特質就是標榜「理性」。哲學史也經常將歐陸的理性主義和英美的經驗主義分開論述，彷彿是兩組對抗的思潮，實則理性主義並不反對感知經驗，經驗主義也不反對理性思維。近代哲學標榜的「理性」，是理性主義和經驗主義的共同財產。近代哲學的「理性」（這裡的「理性」相當於後來德國觀念論所謂的「知性」）就是啟蒙主義的精神所在，它是繼承文藝復興所強調的「人本主義」（或稱爲「人文主義」）之後的深入發展，它是時代精神的具體展現，誠如康德在他的論文〈何謂啟蒙？〉（Wie heißt die Aufklärung?）中所說的：「勇於求知吧！鼓起勇氣使用自己的知性吧！這便是啟蒙的格言。」

笛卡兒曾遊遍歐洲各國，但是他的本性愛好沉思，他的生涯中有一段隱居荷蘭的寧靜安定期（一六二九－一六四四年），這期間他著述了一些重要哲學著作，例如：《談談方法》（一六三七年）、《形上學的沉思》（一六四一年）、《哲學原理》（一六四四年）。《哲學原理》原文是以拉丁文寫作，後來翻譯成法文廣爲流傳。

「哲學」在古希臘稱爲「愛智」，就是「對智慧的愛」、「追求智慧」，從蘇格拉底、柏拉圖的觀點看，「哲學」就是對尚未擁有的智慧的追求過程，因爲尚未擁有智慧，所以人應該自認爲無知；從亞里斯多德或基督教的觀點看，智慧是屬於神的，所以人應當謙卑。

但是在文藝復興和啟蒙主義之後，人對自己擁有理性的信心似乎受到極大的鼓舞和激勵，儘管外在權威（政府或教會）仍有其管制，但人內心的理性已經飛揚而不受限制了。因此，這個時代的精神是：「哲學」不只是「對智慧的愛」，而應該成爲「智慧本身」，也就是「科學」（Wißenschaft）。笛卡兒開創了一個全新的方向，開始了一個哲學的新時代，而《哲學原理》一書是笛卡兒哲學的具體呈現。

二、本書重要思想簡述

西方人使用「智慧」（sophia / wisdom）一詞有時是相當於「知識」（epistemé / knowledge）或「學問」（Wißenschaft / science）。因此，研究哲學的目的就是要獲取智慧、知識，同時要建立起一套學問（科學）。我們由此可以理解，許多科學都是從哲學分出的，亞里斯多德是哲學家，也是許多學問（科學）的創立者，例如：物理學、生物學、政治學和倫理學等等；心理學之後也在一八七四年從哲學獨立出來。獲取知識就要研究獲取知識的方法，從事哲學思考就是同時要建立起方法論，以保證能得到眞正的知識。

哲學一方面是各種知識/學問（科學）的母胎，同時也是各種科學的根源。「原理」（principia / principle）一詞在拉丁字源上有「原始」、「初始」之義，相當於希臘字「arché」，這個希臘字有「開始」、「太初」之義，古希臘哲學家認爲「原理」（arché）就是「萬物由它而來，最終又歸於它」。「哲學原理」就是探討一切知識（學問）的原始根源，或者稱之爲「第一哲學」，就是探討第一原因的哲學，也就是所謂的「形上學」，藉由對第一原因的探討來擁有眞理的知識。

笛卡兒在本書的〈序言〉一開頭就說：「我想我應該寫一篇〈序言〉，一以指示出我的作品的內容，一以指示出我寫此作品的目標，一以指示出我們由此可得到的利益。」總之，笛卡兒在〈序言〉中談論了：㈠作者寫作此書的目的和內容、㈡讀者閱讀此書可以獲得的好處。因此，這篇〈序言〉也可以充當本書的「導論」。

笛卡兒認爲哲學的原理應該包括兩個條件：第一，它們必須是明白而且清晰的，人心在注意它們時，一定不能懷疑它們的眞理。第二，其他所有的知識一定是完全依靠這些原理。獲得知識的最好方法是透過理性從第一原因演繹出一切的知識來。笛卡兒認爲，獲得知識通常可以藉由直覺，或藉由感知，或藉由傳聞，或藉由書本，但是眞正能獲得眞知是尋找到「第一原因」，也就是這裡所謂的「原理」。笛卡兒認爲在他之前沒有哲學家尋找到眞正的「原理」，連柏拉圖和亞里斯多德都沒有找到。如果這個哲學原理不正確，即使以後的所有推論如何正確，也不能得出眞確的結論。笛卡兒認爲，上述四種途徑只能得到通俗而不完備的知識，人除了應該建立一套支配自己行爲的道德規範之外，其次就是應當研究邏輯，他所說的「邏輯」是指「教人如何正確地運用自己的理性，發現我們尚未得知的眞理」。

笛卡兒提出兩個理由來證實他所尋找到的原理可以達到最高智慧，第一就是，這些原理是明白而且清晰的；第二就是，我們可以由它們推演出別的一切眞理。所謂的「明白而且清晰」，就是要排除一切有絲毫可疑的命題，這就是所謂的「普遍懷疑」，即對一切都懷疑，這是作爲「方法論」的懷疑，尋找到一個不能懷疑的起點作爲哲學思考的出發點。笛卡兒最後找到「我思」（cogito / I think）是不能懷疑的存在，因爲我可以懷疑一切的存在，但是我不能懷疑「在懷疑的我」的存在，懷疑是一種思想，因此「我思，故我在」，這裡的「我在」

是指「思想的我存在」。笛卡兒就把這種思想的存在認爲是第一原理，並且再得出有一位上帝存在和物質世界的存在。

笛卡兒把哲學比喻爲一棵樹。一棵樹是從種子長出而成的，首先是樹根，就是包含各種原理的「形上學」；其次是樹幹，就是構成物質世界眞正原理的「物理學」；第三是樹枝，樹枝是從樹幹長出的，包括三種學問：「醫學、機械學和倫理學」，也就是其他的科學。笛卡兒強調，道德科學（倫理學）是一種最高尚、最完全的科學，它是最高度的智慧。

笛卡兒認爲哲學內容的眞正功用可以促進一個國家的文化和文明的繁榮，另一方面，哲學的研究可以指導人生、營養人心，更重要的是藉由第一原因所知道的眞理，也就是哲學所研究的那種學問，可以使人心臻於至善。在〈序言〉最後，笛卡兒認爲由他的原理能得到以下的結果：㈠了解許多未曾知的眞理後，人心會更加滿意。㈡研究這些原理之後，可以精準判斷各種事物，增進自己的智慧。㈢掌握這些明白而正確的原理之後，可以除去爭執，使人心趨向文雅與和諧。㈣根據這些原理可以演繹出許多原理，繼續發現新的眞理，對全部哲學得到完全的知識。

本書第一章主要論述哲學體系中的「形上學」，也就是哲學大樹中的「樹根」部分，是人類知識大廈的一些基本原理。這些原理如何被建立？也就是哲學思考從哪裡開始？笛卡兒在這裡提出了「普遍懷疑的原則」作爲開始，爲了獲得眞理，必須進行普遍懷疑。因爲一切事物（包括既有的知識）都可以被懷疑：我們從兒童時所獲得的觀念、我們的感覺知覺也經常欺騙我們，甚至數學知識也會被修正或認爲錯誤。所以要從一個不可懷疑的點出發，並由之演繹出所有的科學。笛卡兒在這裡提出的「普遍懷疑的原則」並不是古代的懷疑論。後者是消極性的「爲懷疑而懷疑」，以懷疑爲目的的懷疑；前者是作爲方法論，以懷疑爲手段的懷疑，是積極性的。普遍性的懷疑首先建立起的原理是「我思，故我在」，它是作爲哲學的第一條原理。根據普遍懷疑原則，我可以懷疑一切，懷疑這個世界的存在、懷疑上帝的存在，甚至懷疑自己身體的存在，但是我無法懷疑自己在懷疑的存在，「我在懷疑」即是「我（在）思想」，所以「我（在）思想」，即表示有一個「在思想的我」的存在。笛卡兒在這裡是透過「理智（知性）的直觀」首先得出這個原理，而非透過推論過程，也就是說，從「我懷疑」→「我思想」→「在思想的我的存在」是具有「直接」的「直觀」。「我思，故我在」不是一個間接推論。

由「在思想的我」的存在，笛卡兒進一步得出「上帝的存在」。在思想的我是作爲心靈的實體，思想是這個實體的屬性。笛卡兒認爲，思想實體所產生的觀念是不可能從外界得到的，因爲從外界而來的必須先經過感官，而感官經常欺騙我們而導致錯誤；完滿的觀念也不可能是心靈的實體自己憑空創造的，因爲心靈自己所產生的觀念都是不完滿的，唯一可能是從一個比它更完滿的觀念中產生而來的，這個最完滿的觀念就是「上帝」。笛卡兒認爲，心靈實體中具有上帝的觀念，也就是人心中具有最完滿的觀念是從上帝而來的，因此「上帝存在」。這完滿性表示上帝是全知、全能的，是一切眞和善的泉源，是一切事物的創造者，而且祂具有全善的品德。上帝不會欺騙我們，也不是錯誤的原因。

笛卡兒接著界定「實體」的概念，他說：「所謂『實體』，我們只能看作是能自己存在而其存在並不需要別的事物的一種事物。」笛卡兒得出有三種實體：上帝、心靈和物質，而只有上帝是眞正的實體、絕對獨立的實體，心靈和物質是依賴上帝而由上帝創造出來的實體，它們是相對的實體。這兩個相對的實體各有其主要的屬性：心靈的屬性是思想，物質的屬性是廣延。思想的屬性和廣延的屬性兩者是絕對有區分的，不同實體依託著不同屬性，認識了不同屬性也就認識了不同的實體。笛卡兒認爲，心靈只思想卻不占空間，物質只占空間卻不思想，兩者各自獨立互不影響，這就是哲學史所謂的「心物二元論」。笛卡兒認爲，上帝、心靈和物質這三種實體的存在都是明白而且清晰的，這三種實體構成最重要、最普遍的人類知識原理。

接著在第二章中，笛卡兒論證物質事物的存在。笛卡兒認爲，在我們心中明白而且清晰地呈現著有廣延的物質觀念，我們知道物質的觀念完全與上帝不同，也與我們自己不同，物質是具有長、寬、高三維度的廣延，既然上帝不會欺騙我們，所以我們必定可以斷言存在著具有廣延的實體，也就是我們所謂的物體或物質。笛卡兒認爲，物質或物體的本性並不在於它是硬的、重的，或是有顏色的，或以其他方法可以刺激我們的感官，它的本性只在於它是一個具有長、寬、高三個維度的實體，也就是它的廣延占有一定的空間。例如：一個物體，我們可以抽去它的硬度、顏色、重量、溫度等一切的性質，剩下不能抽去的就是它的廣延，也就是它的空間性。笛卡兒認爲，物質具有廣延（空間性），因此是無限可以分割的，因爲無論這些物質是如何的小，它們既然是具有廣延，我們就可以在思想中將任何一部分分成兩個或更多的更小部分。因爲任何事物只要能在思想中把它分開，我們就可以承認它是可以分割的。此外，笛卡兒也得出一個結論，即多重世界是不可能存在的，因爲凡可以設想的別的世界、一切可以想像的空間，都爲物質所占據，而且物質的本性就在於它是有廣延的實體。最後笛卡兒指出，物質是運動的，物質的全部形式的多樣性都依靠運動，運動是絕對的，靜止是相對的，宇宙中並沒有眞正的靜止的點。

第三章很簡短，似乎是作爲第二章的補充和結論。笛卡兒認爲，我們所獲得的物質事物的一些原則是憑理性追求到的，而非憑藉感官的偏見。這些原則是極爲明白而使我們不能懷疑其眞理，我們藉這些原則就可以開始研究世界的一般結構。不過笛卡兒警告我們不要太過於自負，自以爲我們的思想力可以超過上帝所創造的事物，也不要以爲我們的智力可以了解上帝創造世界的本意。笛卡兒最後說，如果我們相信上帝創造萬物是爲人類的，那麼這種思想是很敬虔的，因爲這種思想可以使我們對上帝生產生較大的愛和感激。

第四章標題爲「地球」，實則主要在從事人和自然學方面的研究，從現代的學科來看，包括感覺與知覺的心理學、生理學和物理學。笛卡兒首先談到感官的知覺，他認爲知覺是由神經在腦中所刺激起的運動，又按照運動的種類在各種途徑下刺激與腦密切相連的那個靈魂，這些運動在心中直接所引起的各種感應或思想，就叫做感官的知覺，或平常所謂的感覺。感覺又分爲內在的感覺和外在的感覺。內在的感覺有兩種，其中一種稱爲「自然的嗜欲」，是由胃、食道、咽喉等神經產生的；另一種內在的感覺稱爲「人心的感受」或「情感」，包括人心的一切情緒、情感和情欲，如欣悅、悲傷、愛情、憎惡等。這些感覺所依靠的神經都遍布在心臟和心臟的附近，而且它們是極其微小的。外在的感覺有五種，就是觸覺、味覺、嗅覺、聽覺和視覺。觸覺是物質對象透過刺激身體的皮膚的神經所引起的感覺，如感受到對象的硬度、溫度、溼度和重力；味覺是物質的分子刺激舌頭及其附近的神經所引起的；嗅覺是鼻腔神經受空氣中浮游分離的物體分子所刺激出來的感覺；聽覺是周圍空氣傳到耳鼓所籠罩的一層薄膜所引起的震動的感覺；視覺是網膜被第二種元素（即傳光的媒介）的微粒所運動而產生的感覺。

笛卡兒認爲，任何物體都是由許多分子組成的，而這些分子是人的感官無法知覺到的，唯有人的理性才能掌握這些微小分子。最後笛卡兒也比較他的物質觀和古希臘原子論者——德莫克利特斯（Democritus）的原子論的不同。德莫克利特斯認爲原子是不可分割的，笛卡兒則認爲，只要是有廣延的物質（如：原子）

都是可以分割的；德莫克利特斯認爲原子周圍有虛空存在，笛卡兒則認爲，如果沒有物質（如原子）則虛空是不存在的；德莫克利特斯認爲物質有重量，笛卡兒則認爲物質本身沒有重量，重量是依靠各種物體的相對運動關係和位置關係而產生的。

三、結　語

《哲學原理》可以說是笛卡兒哲學體系最完整的表達，就像一棵大樹，有樹根（形上學），有樹幹（物理學），有樹枝（其他科學）。在這本著作中，笛卡兒提出的幾個重要的哲學主張也影響後來的哲學發展，尤其是主體性哲學思想和機械論哲學思想。

笛卡兒哲學在哲學史中的地位與意義，我們可以借黑格爾在他的《哲學史講演錄》中的一段評語作爲精要說明：「在哲學上，笛卡兒開創了一個全新的方向：從他開始了哲學的新時代，從此哲學文化改弦更張，可以在思想中以普遍性的形式把握它的高級精神原則，就像波墨（Jakob Böhme）在直觀中以感性形式把握這個原則一樣。」

目次

序言[1]

先生：

您不辭辛苦譯出的這部哲學作品，是很精美完善的，因此，我已料到將來讀這部作品法文本的人會比讀拉丁文本的人多，而且他們也更能理解我的作品。我唯一顧慮的只是：人們如果不曾受過教育，或者因爲對自己所學的哲學不能滿意，因而鄙視哲學，則我這部作品的標題或許就會使他們退縮不前。因爲這種緣故，所以我想我應該寫一篇序言，一以指示出我的作品的**內容**，一以指示出我寫此作品的**目標**，一以指示出我們由此可得到的**利益**。不過，我雖然比任何別人都應該更詳細地知道這幾點，而且應該寫這樣一篇序言，可是我在這裡也只能把此作品中所討論到的主要各點加以簡略的敘述。此外，先生如認爲有應行公諸世人

[1] 作者〈笛卡兒〉致法文譯者的一封信，兼作〈序言〉。

* 編按：本書根據一九五八年之關文運譯文爲底本整理、校訂。

的地方，那就請先生斟酌取捨了。

第一點，我要在此書中先解釋什麼是哲學。在這裡，我是從最尋常的事情起首的：**哲學**一詞表示關於智慧的研究，至於智慧，則不僅指處理事情的機智，也兼指一個人在立行、衛生和藝術的發現方面所應有的完備知識，而達到這些目的的知識，一定是要由第一原因推演出的。因此，要研究獲得知識的方法（正好稱爲哲學思考），則我們必須起始研究那些號稱爲**原理**的第一原因。這些原則必須包括兩個**條件**。第一，它們必須是明白而清晰的，人心在注意思考它們時，一定不能懷疑它們的眞理。第二，我們關於別的事物方面所有的知識，一定是完全依靠於那些原理的。我們雖可以離開依靠於它們的事物，單獨了解那些原理；可是離開那些原理，我們就一定不能知道依靠於它們的那些事物。因此，我們必須努力由那些原則，推得依靠於它們的那些事物方面的知識，以致使全部演繹過程中步步都要完全明白。只有上帝是全知的，只有祂對於萬物有完全的知識。不過我們也可以按照人們在最重要的眞理方面所擁有知識之爲大爲小，說他們的智慧爲較好的或較差的。我相信，我所說的這一番話都是一切學者所不能不同意的。

其次我就要提議考察哲學的功用，並且同時指示出，哲學既包括了人心所能知道的一切，我們就應當相信，我們之所以有別於野人，只是因爲有哲學，而且應當相信，一國文化和文明的繁榮，全視該國的眞正哲學繁榮與否而定。因此一個國家如果誕生了眞正的哲學家，那是它所能享受的最高特權。此外，我應該已經指示出，說及各人，則不僅與那些專攻哲學的人交往對他有益，若是他能親自來研究，那是再好不過的。這正如一個人寧可用自己的眼來指導自己的步履、來享受美麗的光色，而非盲目地順從別人的指導。後者這種做法，當然比閉了眼睛，不用指導，只靠自己爲好。不過人們如果只圖生活而無哲學思考，那正如同閉了眼睛，不想再睜開它們一樣。且視覺所給我們的觀賞之樂，還遠不及哲學的發現所給我們的滿意。最後，我們還可以說，在支配行爲、適應人生這方面，哲學的研究，要比在指導學步這方面，還更爲迫切需要。畜類因爲只有身體可保存，所以它們只是不斷地追求營養的物質；至於人類，他們的主要需求既然在乎心靈，他們就應該以探求學問爲自己的主要追求，因爲學問才是人心的眞正營養品。此外我還相信，許多人只要希望在哲學方面有所成功，並且知道自己在哲學方面的才能只到了何種程度，則他們一定不會在研究哲學時有什麼失敗。任何卑鄙的人心，亦不會一往不返地固囿於感官對象中，不能稍有一時摒棄它們，來追求更高的善，雖然他也往往不知道如何才是善。即使是幸運的最大寵兒（富貴尊榮的人們），亦同別人一樣，不能免於這種追求。不但如此，我還相信，這類人雖然享有這些善，可是他們還深深嘆息自己得不到更偉大、更完全的善。不過所謂至善，若就自然之理性所指示而論，而不就信仰之光亮所指導而言，這種善正是我們藉第一原因所知道的眞理，也就是哲學所研究的那種學問。這些特殊情節既都是分明眞實的，所以我們如果想使人們相信它們的眞理，只需把它們原原本本敘述出來即可。

不過人既然體認到，自誇爲懂得哲學的人們往往比從來不研究哲學的人們還不明智、還少理智，因此，他將不肯同意我這些學說。爲解除這種疑惑，我想我已在此處約略地解釋了，我們現在所有的科學內容如何，我們的智慧究竟達到哪些等級。第一級智慧所包括的意念，本身都是很明白的，我們不藉思維就可以得到它們；第二級包括著感官經驗所指示的一切；第三級包括著別人談話所教給我們的知識；此外，還可以加上第四級，就是讀書。不過我所謂讀書意指閱讀那些能啟發人心的著作家之作品，而不是指閱讀一切作品，這種讀書亦彷彿是我們同作者談話一樣。據我看來，我們尋常所有的知識，都是由這四種途徑獲得的。在這裡，我並不把神聖的啟示歸在這些途徑之中，因爲它不是循序漸進地指導我們，而是立刻使我們上升到確定的信仰。

不過在古往今來，許多天才都曾努力找尋達到智慧的第五條道路——比其餘四條確定萬倍，高妙萬倍。他們所試探的途徑，就是要尋找第一原因和眞正原理，並且由此演繹出人所能知的一切事物的理由。哲學家的頭銜多半就是授予這一類人的。我覺得，直到現在還不曾有一個人完成這種事業。著作流傳於後代，首要的哲學家就是柏拉圖和亞里斯多德，不過他們兩人亦無什差異，所差異的只在於他們一爲坦白，一爲不坦白。柏拉圖追隨其先師蘇格拉底的腳步，坦白地承認了自己原不能找尋出任何確定的事理來，而且他只是把自己認爲大概可靠的事理寫出來，亦就算了。爲了這個目的，他只想像出一些原理，努力以其來解釋別的事物。至於亞里斯多德的特點則是沒有那樣坦白，他雖然當了柏拉圖二十年弟子，而且他也沒有什麼勝於其師的原理，可是他的講學方法一反其師之道，往往把自己大概也不認爲眞實的事理，說成是眞正而確定的。不過這兩個人，因爲已由前述四種方法得到許多見識和學問，而且這些特長又把他們的權威弄得高不可攀，因此，後來繼承他們的人們只願意信服他們的意見，而不肯親自來追尋一些更高明的意見。他們弟子們所聚說紛紜的主要問題是：我們還是應當懷疑一切事物？還是應當確認一些事物？這種辯論使他們雙方都陷於極荒謬的錯誤。因爲主張懷疑的那一部分人，甚至於懷疑人生的行動，以至忽略了支配行爲的日常規則；至於主張確信的人們，則以爲確信必須依靠感官，因此，他們就完全信托感官。伊比鳩魯主張此說最力，據說，他甚至敢於違反一切天文家的推論，說太陽正如我們所看見的那樣大。

眞理是兩方面的人所持意見之間的一個中項，因此，我們就看到人們在許多爭辯中都有一種錯誤：每一方面的爭辯者愈具有反抗精神，他就離眞理愈遠。但是過分偏於懷疑的那些人的錯誤，也並不曾爲人所長久相信，至於其反對派的錯誤，也有幾分受了某種學說的改正，依那些學說來講，感官在許多情況下是可以騙人的。不過我們可以說，確定性不在於感官，只在於具有明白知覺的理解中；我們如果只具有由前四級智慧得來的知識，則在人事方面，我們既不該懷疑那些似乎眞實的事理，亦不該認爲它們是很確定的——我們關於它們的意見是可以改變的，縱然那些意見是由明白的理性所強示。即使我指示出這一點，那些偏重確信的人之錯誤，仍不曾因此完全被剷除。

近代想做哲學家的大多數人，由於不知道這層眞理，或者雖知道卻忽略了它，都盲目地追隨亞里斯多德，往往曲解了其著作的本義，並且以各種不相干的意見歸諸於他，實則起亞氏於九原，他恐怕也未必承認那些意見。即使是不追隨他的人們（包含很出色的天才），也在幼時習染了他的意見，因爲他的意見已成了學校主要的教材。因此，他們的心就爲偏見蒙蔽，不能沖決藩籬，認識眞正的原理。我雖然很敬仰一切哲學家，而且不願意多肆責難以取憎於人，可是我正可以舉出證明來闡明我的說法，而且我也不以爲他們能反對我的說法。我可以說，他們所立的原理，是他們所未完全知道的。例如：我知道他們個個都假設「地球上的物體有重力」，雖然經驗明白指示我們，我們所說的重物體都墜向地心，可是我們並不因此知道重力的本質，並不知道物體之下墜，是憑藉何種原因、何種原理，因此，我們就必須由別的來源來求得這種知識。至於說到有些人採用爲己身之原理的東西，如眞空和原子、熱和冷、乾和溼、鹽、硫磺、水銀等事物，也是一樣。原理如不明白，不管推論的方法在形式上如何正確，都不能由此得出明確的結論。因此，由這些原理所得出的推論，並不能使他們確知任何事物，亦不能使他們在追求學問方面稍進一步。他們縱然曾發現了任何眞理，那也是從上述四種方法中的某一種得來的。即使如此，我並不想貶抑他們每一個人所正當地要求的尊榮；只是爲了慰藉那些尚未注意此種研究的人們起見，我不得不說，哲學正如旅行一樣，在旅行時，我們如果背向著目的地，則我們在新方向中走得愈久愈快，我們就愈遠離目的地，我們後來縱然受人指引，返回正道，我們也不能立刻到達以前預定的目的地。同樣，在哲學中，我們如果應用了虛妄的原理，則我們愈仔細琢磨它們，並由此演繹出許多結論來，則我們愈不能認識眞理，愈不能得到學問。我們雖然以爲自己推論得法，實則我們是離眞理愈遠。由此我們不得不推論說，人們愈未曾學過冠冕堂皇的哲學，他們是愈適於了解眞理的。

其次，在闡明那些事物以後，我本想指出，我爲什麼主張那些能藉以達到最高智慧即人生至善的眞正原理，就是我在這部書中所提示的原理。只需提出兩種理由就足以證實我這種說法。第一就是，這些原理是很明白的；第二就是，我們可以由它們推演出別的一切眞理來。因爲眞正的原理所需要的，只有這兩個條件。不過我很容易證明它們是明白的；首先是取證於我發現它們時的方式，即是說，我要排斥一切有絲毫可疑的命題，因爲任何命題在仔細考察之後，凡不能以此方法排斥的，都確實是人心所能知道的最明白最確定的命題。就如我既然憑思考知道，懷疑一切的人在懷疑時不能懷疑他自身的存在，而且在懷疑一切獨不懷疑自己時所能推理的那種東西，不是我們所謂身體，而是我們所謂人心或思想，因此，我就把這種思想的存在認爲是第一原理，並且由此分明推得下述的眞理：例如說，有一位上帝，祂是世上萬物的創造者，而且祂既是一切眞理的源泉，所以祂給我們所造的理解力，在對各種事物有了很明白、很清楚的知覺時，祂的判斷一定不會錯誤。這些就是我在非物質的對象或形上的對象方面所利用的原理，由這些原理，我又在物質的或有形的事物方面，極其明白地演繹出別的一些原理來，即是說：有些物體有長、寬、高三個量向，而且它們有各種形相，並且可以在各種途徑下被運動。這就是我的總原理，由此我可以推演出一切別的眞理來。證明這些原理的明白性的第二個情節就是：它們是各個時代人們所熟知的東西，甚至是一切人類認爲眞實而不容懷疑的東西加以接受的。只有上帝的存在是被某些人所懷疑的，因爲他們過分重視感官知覺，而上帝是既不能見，又不能觸的。

不過我所歸在我的原理以內的那些眞理，雖然是自古至今爲一切人所知道的，可是據我所知，直到現在，還沒有一個人把它們採用爲哲學原理，換句話說，他們都不曾以爲我們可以由這些原理推演出世界上所有其他任何種類的知識來。因此，留待我做的工作，就在於指出這些眞理確是有此功用的。在我看來，要想證明這一點，最好是求助於經驗的證據；換句話說，就是要請讀者閱讀我這部作品，因爲在我的作品中，我雖然不曾討論到一切問題（這是不可能的），可是我想，凡我所提到的，我都已解釋清楚，因此，他們只要仔細讀一遍，就會有理由相信，想要達到人心所能及的最高知識，大可不必追求別的原理，只要有我這些原理就夠了。這種情形尤其顯然，如果他們在閱讀了我的著作之後，費神想一想，有多少問題在此書中已經討論得很清楚，解釋得很明白，並且在參考別人的著作時，他們可以看出，如果他們以異乎我的原理的原理來解釋同樣問題，他們的理由又是怎樣靠不住。爲使他們更容易從事這種思考，我還可以說，受我學說薰染的人，比未受薰染的人要易於了解他人的著述，易於估量他們的眞價。這正與我前述所說的一開頭就研究古代哲學的那些人的情況相反，就是說，他們愈研究它，就愈不易正確地了解眞理。

關於本作品的讀法，我也應當附帶說幾句話。就是我希望讀者首先把本作品當作一本小說，通體讀完，在讀的時候，不必過分注意，縱然遇到困難，也不要停住，只求知道我所談的問題的大概即可。此後，他如果覺得我所說的事理值得更仔細地考察一番，而且希望知道它們的原因，那麼他也可以再讀第二遍，以便看到我的推論之前後關係；他縱然不能明白地發現我的證明的前後關係，或不能理解我的一切推論，他也不要因此就悲觀失望、放棄或擱置本作，他只需用筆把困難的地方標出，繼續不斷地把它讀完。之後，他如果不憚煩地把本作品再讀第三遍，則我相信，他在重新閱讀之下，一定會把以前所標出的那些難題解決大半。這時，如果還有任何難題存在，他再讀一遍以後，一定能夠把它解決。

在考察各種人心的天然能力時，我已經說過，任何智力遲鈍的人只要遵循正軌，他一定能了解良善的意見，甚至獲得一切最高的科學。這是可以用理性加以證明的；因爲我的原理很明白，而且由此演繹出來的只有最明顯的推論，因此，任何人都不會智鈍識暗地不能了解由此所導出的結論。自然，人們都是不能完全免於受偏見之累的，而且最熱心研究僞科學的人們，也是最受它們所害；不過除此以外，一般中才之士又往往確信自己無才，不肯研究，而在另一方面，更爲熱心的人們，又有迫不及待之勢，因此，他們又往往接受了遠非明白的原理，並且由此推出可疑的結論來。因爲這種緣故，我很希望那些過分懷疑自己才能的人們知道，他們只要肯稍費心思來考察我的著述，他們就可以完全了解其中所說的一切道理。同時我還要警告那些急進的人們，即使是槃槃大才，也必須費許多時間和注意力，才能明白我在書中所談及的各個方面。

其次，爲使人們了解我發表這些著述的眞正宗旨，我還希望在這裡說明一下個人在打算啟發自己時，我所認爲應循的次序。第一點，一個人如果只是由上述的四種途徑得到通俗而不完備的知識，則他應該首先努力擬定一套足以支配自己行爲的道德規條，一則因爲在這方面我們不容遲延，一則因爲過好生活，乃是人生的當務之急。再其次，他應當研究邏輯。不過我所說的不是指經院中的邏輯而言，因爲他們的邏輯只是一種辯證法，只教人如何把我們已知的東西來向人解釋，只教人沒有眞知灼見就來絮絮不休地議論我們所不知道的事物，因此，它不能增加人們的良知，而只能毀壞人們的良知。我所說的邏輯，乃是教人如何正確地運用自己的理性，來發現我們尚未得知的眞理。這種邏輯在很大程度上有賴於熟練，因此，讀者應該在簡單而容易的問題上（如數學的問題）長時期地從事練習。他在這些問題方面已經培養出某種發現眞理的技巧以後，就可以眞誠地專心研究眞正的哲學。哲學的第一部分就是形上學，其中包含各種知識的原理，這些原理中有的是解釋上帝的主要品德的，有的是解釋靈魂、非物質性的，有的是解釋我們的一切明白簡單之意念的；第二部分是物理學，在物理學中，我們在找到物質事物的眞正原理之後，就進而考究全宇宙是如何構成的；在此以後，我們就要特別考察地球的本性，以及在地球上最常見的一切物質，如水、火、空氣、磁石及其他礦石的本性。再其次，我們還必須分別考察動植物的本性，尤其要考察人的本性，這樣我們以後才可以發現出有益於人類的別的科學。因此，全部哲學就如一棵樹似的，其中形上學就是根，物理學就是樹幹，別的一切科學就是樹幹上生出來的枝條。這些枝條可以分爲主要的三種，就是醫學、機械學和倫理學。我所謂道德科學乃是一種最高尚、最完全的科學，它以我們關於別的科學的完備知識爲其先決條件，因此，它就是最高度的智慧。

不過我們不是從樹根、樹幹，而是從其枝梢採集果實的，因此，哲學的主要功用乃是在於其各部分的分別功用，而這種功用，我們是最後才能學到的。我雖然幾乎全不知道這些功用，可是我一向懷著一種熱忱，極願對公眾稍有貢獻，所以我在十年或十二年前就印行了一些論說，以發表我所認爲一得之愚的一些學說，其中第一部就是《談談正確引導理性在各門科學上尋找眞理的方法》。在此書中我曾總括地敘述了邏輯的主要規則，以及尚未盡美盡善的倫理學的主要規則；這些規則，只是供尚未知道更好原理的人們暫時應用的。至於其他部分則有三篇論文：第一就是〈折光學〉，第二就是〈氣象學〉，第三就是〈幾何學〉。在〈折光學〉中我曾經計劃指示出，在哲學中我們本可以長足進步，藉以知道那些有益於人生的各種藝術，因爲望遠鏡的發明（我在其中曾加以解釋），乃是最困難的一種發明。在〈氣象學〉中，我曾經計劃揭露出，我所研究的哲學和經院中所教的哲學雖然大多數都研究同一題材，可是它們是有很大差異的。最後，在〈幾何學〉中，我又曾公然證明，我已經發現了前人所不知道的許多事理，這樣一來，爲了刺激人們探求眞理，我又使人有理由相信我們還可以發現出更多別的事理。自從那時以後，我預料到許多人或許會覺得不易了解形上學的基礎，所以我又在《沉思錄》中努力把其中主要之點解釋出來。這部作品本來不大，不過在此書寫之後，有些博學之士和我曾有過往返辯駁，因此，作品的分量就增加了，而其內容亦加以充分例解。後來我又覺得，前幾部論文已經充分使讀者的心理有所準備，可以來讀這部《哲學原理》了，因此，我就又把它印行出來。這部作品我把它分爲四部。第一部包括人類知識原理，可以叫做第一哲學或形上學。不過讀者如想明瞭這一部分，他們應該先讀我關於這個題目所寫的《沉思錄》。至於其餘三部分，則包含普通物理學，其中解釋了自然的第一法則或原理，並且解釋了諸天、恆星、行星、彗星以及全宇宙是如何組成的。再其次，我還特別解釋了這個地球的本性，以及地球上常見的空氣、水、火、磁石等物質的本性，此外我還解釋了這些物體中所見的各種性質，如光、熱、重等。這樣，我就似乎已經開始有次序地解釋了全部哲學，而且在討論最後問題以前，我就把預先應行討論的都討論過。

不過爲了完成這件事業，我此後還應以同樣方式來解釋地球上較特殊的物質的本性，即礦物、植物、動物，尤其是人類的本性。最後，我還要精確地論究醫學、倫理學和機械學。想要給世人一套完整的哲學，這件事情是必須要完成的。假如我能夠做各種實驗來證實我的理論，建立我的理論，則我一定會鼓起勇氣努力來完成這個計畫，因爲我覺得自己並不老，也並不懷疑自己的精力，而且也不以爲自己求不到所餘的知識。不過這種事體既然費用浩大，若無公家之助，以我這樣私人的家資實在難以舉辦。不過公家的幫助既不可期，我相信自己在將來只應該從事於能啟發自己的研究，因此，如果我不能爲後人工作，他們也許會原諒我。

同時，我在這裡還不得不敘述由我的原理所能得到的各種結果，以便使人知道，我在哪一方面覺得自己增進了公共的福利。第一個結果就是，人們在本作品中見了以前所不知道的許多眞理以後，一定會感到滿意，雖然眞理似乎比較簡單而不奇怪，而且不如僞說虛構那樣激動人心，可是它所給人的快樂是比較歷久、比較堅實的。第二個結果就是，在研究這些原理時，我們會逐漸進步，可以更加準確地判斷我們所遇到的各種事物，並且因此增益自己的智慧。在這方面，我的著作的結果，正和普通的哲學的結果相反，因爲我們在一般腐儒身上很容易看到，他們在學了哲學之後，反而不能正確地運用其理性，還不如根本就未學過哲學的人們。第三個結果就是，那些原理所含的眞理，是極爲明白而正確的，足可排除一切爭執的理由，使人心趨向文雅和和諧。至於經院中辯論的結果正與此相反，那些辯論使好辯之士更加好辯，更加固執，因此，現在煩瀆世人的那些異端和紛爭，或許以這些爭論爲其主要原因。至於我的這些原理的最後最大的結果就是，人們在研究了它們以後，可以發現我所未曾發見的眞理，並且會由此逐漸進步、屢有發明，久而久之，對全部哲學得到完全的知識，因而達到最高度的智慧，我的原理正和一切藝術一樣，各種藝術在開頭雖然是粗糙而不完善的，可是它們只要包含一些眞理，而且經驗也把它們的結果證明出來，則它們便可以被實踐，直到完善的地步。在哲學方面也是一樣，我們只要有眞正的原理，則我們跟著它們走，有時一定會遇到具有別的眞理的東西。因此，要想證明亞里斯多德的原理的虛妄性，最好的方法莫過於說：人們在許多年來，雖然研究它們，可是從未因此在知識方面有何進步。

我充分了解，有些人倉促魯莽，草率從事，因此，他們縱然有了堅固的基礎，也不能建立起結實的上部建築。這類人最喜著書，也因此他們在短時期內，就會損壞我的一切成就，使我的推論方法夾雜懷疑和不明的成分。因爲這種緣故，我曾經細心地排斥了那些著述，免得人們認爲他們的著述是我的，或是代表我的意見。在這方面，我不久以前就有一種經驗。有一個人（按：即荷蘭哲學家 Henricus Regius），人們雖然相信他很願意拳拳服膺我的意見，而且我在別處也說過我相信他很有天賦，以至於相信他所信從的意見，即爲我的意見，可是他在去年所印的那部《物理學初步》（*Fundamenta Physices*）實在不能令我滿意。在那部書中，他關於物理學和醫學這個題目所寫的一切，雖然一部分是由我已經出版的著述中剽竊來的，一部分是由落在他手裡的一份尚未完篇的〈論動物本性〉

的稿子中剽竊來的。可是他抄襲得太糟了，次序也顚倒了，把物理學應依據的某些形上學的眞理也否認了，因此，我就不得不完全否認他的作品，而且我要請求讀者，任何意見只要不曾明白地在我的著述中表示出來，都不要認爲它們是我的；而且任何意見不論在我的書中或在別處，如果不是明白地由眞正的原理推演出的，也不應當認爲它們是眞實的。

此外，我也很清楚，說不定在多少年以後，由這些原理可能推演出來的一切眞理，才能全盤發展。一則是因爲即將發現的更多眞理都依靠於某些特殊的實驗，而那些實驗是不會偶然出現的，需要大量的心力和大筆的費用才能研探出來。二則因爲人們縱然聰明伶俐，可以正確應用它們，可是他們也難以恰好就有資金來應用它們。三則因爲絕頂聰明的人們大多數都因爲現代通行的哲學缺點很多，對它表示輕視，不肯用心來追求眞理。

即使如此，最後我還可以說，這些人如果能看到我這些原理和其他體系的原理有何差異，並且看到由我的原理可以演繹出許多原理來，那也將會使他們看清楚繼續追求這些眞理的重要性，而且他們會看到，那些原理是利於領導我們達到高級的知識，以及人生的完美和幸福的。人們如果能看到這一層，則我敢相信，沒有一個人會不情願努力從事於這種有利的研究，或者至少會盡力嘉惠和幫助那些有研究成績的人們。

我最大的希望是：後人或許會看到這個幸福的結果。

獻辭

獻給最淑靜的公主伊麗莎白，即波希米亞王、特殊伯爵和神聖羅馬帝國選帝侯腓特烈的長女。

公主，在我的著述印行以後，我由此所獲得的最大利益，就是曾經受到您的賞識，並且因此得到殊遇，得與您不時接談。您一身兼備如此稀世可珍的德性，因此，我相信我應該加以宣揚，以便垂範於天下後世。我是不會諂媚的，而且我所不確知的事物，我也從不肯輕易加以吐露，尤其在這部書中，我既然意在立下眞理的原理，更不肯在其篇首就有所妄說。就您儀表行動中處處表示出來的寬惠謙抑之德看來，我敢相信，一個信手直書的人的坦白單純之判斷，要比專工逢迎的人們之華美褒詞，更能合乎您的心意。因爲這種緣故，我在這封信中所附陳的，沒有一件不是我憑經驗和理性所深知不疑的，而且在〈序言〉和本文中，我所寫的都以合乎一個哲學家的身分爲度。眞德和僞德原有天淵之別，由眞確知識而來的那些眞德，和帶有愚昧與錯誤的那些眞德，也相去很遠。我所謂僞德，顧名思義，只是罪惡，這些罪惡因爲比其反面的罪惡不常出現，而且它們和那些反面罪惡的距離，也比中道的德性離它們爲遠，所以人們認爲前一種罪惡比那些德性還要貴重。因爲過分怕危險的人比過分不怕危險的人爲數更多，因此與怯懦相反的蠻勇，便被人認爲是一種德性，而且人們往往看它比眞正的剛毅還要高貴。又例如：浪費之人也比豪爽之士更得人稱讚；而且迷信之士和僞善之輩也更容易獲得虔誠的令名。說到眞德，它們也不都是發於眞知，因爲有些眞德也是起於人的缺點或錯誤的。就如知識簡單往往使人性善，恐懼使人虔誠，失望使人勇敢。凡伴缺點而來的那些德性，都是互相差異的，而且各有各的名稱。至於在知道善之爲善以後所發生的那些純粹完美的德性，都是性質相同，都可以歸在智慧這一名稱之下的。任何人只要能恆久不懈地決定正確地運用其理性，並且在其一切行動中，要決心做自己所判斷爲最好的事情，則在他的本性所許可的範圍以內，他已是名副其實地聰明的了。只憑這一點，他就能正直、勇敢、有節制，並具有別的德性。不過他的各種德性都是平均調和的，並無過與不及。因爲這種緣故，這些德性雖然比那些雜有缺點而眩耀奪目的德性更爲完美一些，可是因爲群眾不能細加體會，所以他們亦不常盛讚這些德性。其次，我還可以說，在這種智慧所必需的兩個條件——理解的明悟、意志的傾向——中，只有在意志方面，一切人都有平等的天賦能力；至於在理解方面，則人們的天稟是高下不齊的。不過，理解較低的人們在其本性所許可的範圍內也是完全聰明的，而且他們也可以藉其德性取悅於上帝（假如他們能恆久不懈地行其所判斷為正直的一切事情，並盡力求知他們所不知的責任）。人們如果一面具有恆常為善的決心，一面又特別勤於促進自己的知識，一面又有極明白的智力，則他們無疑地比別人更能達到較高的智慧。在我看來，您是圓滿地享有這三種特質的。因為第一，您是很愛自修的，這顯然可以由下面的情節看出來，即使是宮廷的娛樂和婦人們所受的傳統教育（往往足以使她們庸弱無知），都不足以妨害您，使您不以過人的勤苦來研究一切藝術和科學的上乘。至於您的智力之瑩澈無比，也有事實可以證明，就是：您已經深研各種科學的奧祕，在很短的時期內就對它們瞭若指掌，具有眞知灼見。不過關於您的智力卓絕，我還親身有一層更有力的證明，因為我還沒有遇到一個人如您那樣能全盤了解我的著述內容。即使在博學多才的人們中間，亦有些人以為我的著述是模糊不清的。此外我還注意到，熟習形上學的人們，對幾何學卻完全不感興趣；而在另一方面，研究幾何學的人們，卻又沒有能力來研究第一哲學。因此，我可以千眞萬確地說，據我所知，只有您一人的才具是愛好這兩種研究的，因此可以說，您的才具是天下無雙的。不過最令我驚服的一點是，老年的博士們多年思索的結果，尚不能對於全部科學得到那樣精確而廣博的知識，而一位妙齡公主竟能頭頭是道，這眞有些奇特不凡了。以您的容貌和年歲而論，比文藝女神或智慧女神更適於表徵美德之一。末了，我還不只看到您具備可以達到完美崇高智慧的一切必要的才具，而且在意志方面或儀表方面，也毫無缺陷。您於威儀嚴肅之外，又兼具溫良文雅，因此，雖處於易於溺人的富貴環境中，仍能卓然獨立，不爲所移。我不得不對您欽敬萬端，因此我不僅認爲這部作品應當獻給您（因爲這篇作品是討論哲學的，而哲學正是研究智慧的），而且我覺得縱然博得哲學家這一個頭銜，也不如給淑靜的您做一個虔敬的僕人，更爲快樂。

笛卡兒

第一章　論人類知識原理

1

要想追求眞理，我們必須在一生中盡可能地把所有事物都懷疑一次。

從前我們既然有一度都是兒童，而且我們在不能完全運用自己的理性之時，就已經對於感官所見的對象，構成各種判斷，因此，就有許多偏見阻礙著我們認識眞理的道路；我們如果不把自己覺得稍有可疑的事物在一生中一度加以懷疑，我們就似乎不可能排除這些偏見。

2

凡可懷疑之事物，我們也都應當認爲是虛妄的。

此外，如果把我們能夠懷疑的事物都認爲是虛妄的，那也是有益的，這樣，我們就可以更加明白地發現出具有最大確實性的和最易認識的事理。

3

在立身行事方面，我們不可同時採取懷疑態度。

同時我還應當說，只有在思維眞理時，我們才可以採用這種普遍懷疑態度。因爲在人事方面，我們往往不得不順從大概可靠的意見，而且有時我們縱然看不到兩種行動哪一種概然性較大，我們也得選擇一種，因爲在擺脫懷疑之前，往往會錯過行動的機會。

4

我們爲什麼懷疑可感的事物？

我們現在既然只打算從事研究眞理，我們首先就要懷疑：落於我們感官之前的一切事物，和我們所想像的一切事物，其中是否有一種是眞實存在的？我們所以如此懷疑，第一是因爲我們據經驗知道，各種感官有時是會犯錯誤的，因而過分信賴曾經欺騙過我們的事物，也是很魯莽的。第二是因爲在夢中我們不斷地想像到或知覺到無數的物象，可是它們實際並不存在。一個人既然這樣決心懷疑一切，他就看不到有什麼標記，可藉以精確地分辨睡眠和覺醒的狀態。

5

爲什麼我們也可以懷疑數學的解證？

此外，我們還要懷疑我們一向認爲最確定的其他事物，甚至於要懷疑數學的解證，以及我們一向認爲自明的那些原理。我們所以要懷疑，第一是因爲我們曾經看見人們在這些事體方面犯過錯誤，而且把我們認爲虛妄的事物認爲是絕對確定而自明的。不過主要的原因仍是：我們知道創造我們的那位上帝是全能的，因爲我們還不知道，上帝是否有意把我們這樣創造出來，使我們即使在自己認爲最熟悉的事物方面也永遠受到欺騙。因爲我們的觀察既然指教我們，我們有時是要受騙的，那麼我們爲什麼不能永久受騙呢？如果我們認爲全能的上帝不是我們人類的創造者，而認爲我們是自己存在的，或依靠其他方法存在的，那麼，我們愈認爲自己的創造者沒有權力，我們愈有理由相信我們並不十分完美，以至於不會繼續受騙。

6 我們有一個自由意志，可藉以不同意於可疑的事物，因而避免錯誤。

不論創造我們的生命是誰，不論他如何有力，如何騙人，我們依然意識到自己有一種自由，使我們藉以不相信任何不明顯、不確定的事物，並因而防止受騙。

7 我們在懷疑時，不能懷疑自己的存在，而且在我們依次推論時，這就是我們所得到的第一種知識。

我們既然這樣地排斥了稍可懷疑的一切事物，甚至想像它們是虛妄的，那麼我們的確很容易假設，既沒有上帝，也沒有蒼天，也沒有物體；也很容易假設我們自己甚至沒有手沒有腳，最後竟沒有身體。不過我們在懷疑這些事物的眞實性時，我們卻不能同樣假設我們是不存在的。因爲要想像一種有思想的東西是不存在的，那是一種矛盾。因此，**我思故我在**的這種知識，乃是一個有條有理進行推理的人所體會到的首先的、最確定的知識。

8 我們從此就發現出心和身體的區別，或能思的事物和物質的事物的分別。

這就是發現人心本性的最好方法，也就是發現心與身體的差異的最好方

9

法。因爲我們既然假設，除了我們的思想以外，沒有別物眞正存在，那麼，我們在考察自己的本來面目時，就分明看到，凡身體所具有的廣延性、形相、位置的移動，以及其他相似的情節，都不屬於我們的本性——只有思想除外。因此，我們對自己的心所具有的意念，是在我們對任何物質事物所具有的意念以前存在的，而且它是較爲確定的，因爲我們在已經知道自己是在思想時，我們仍然在懷疑有任何身體存在。

思想（cogitatio）是什麼?

所謂思想，就是在我們身上發生而爲我們所直接意識到的一切，因此，不只是理解（intelligere、entendro）、意欲（velle）、想像（imaginari），就是知覺（sentire、sentir）也和思想（cogitare、penser）無異。因爲如果我在說話、看物、行走時，我是存在的；而如果我依靠視覺和走路了解我的眼睛或腿的動作（這些都是身體的動作），那麼這個結論就並不是絕對確定的，因爲，就如在夢中那樣，我雖不曾張眼或移動位置，甚至也許沒有身體，可是我也可以設想自己在視物或行走。但是，如果我只指感覺本身，或對於視或行的那種意識，那麼這種知識分明是確定的，因爲這只是指人心說的，而只有人心才能知覺或意識到自己的視或行的動作。

10 最簡單最自明的意念，往往被論理的定義弄得曖昧起來。我們不應把這些意念歸諸由研究得來的認識之列，因爲它們是與生俱來的。

我在這裡之所以不解釋我所用過的其他一些名詞或下文中將要用的那些名詞，乃是因爲在我看來，它們的意義是完全自明的。我常見一些哲學家雖然好以論理的定義來解釋那些最簡單最自明的眞理，可是他們往往正因此陷於錯誤，因爲他們這種做法只會使那些眞理更加曖昧。我曾說，在任何能按條理進行推論的人看來，**我思故我在**的這個命題，是最基本、最確定的。我說這話時，並不因此就否認我們必須知道什麼是思想、存在和確實性，否認必須知道先存在才能思想的這個眞理等等；不過因爲這些都是最簡單的概念，而且它們自身也不足以使我們認識任何存在的事物，因此，我覺得在這裡列舉它們是不恰當的。

11 我們如何知道自己的心比知道自己的身體還清楚？

要想使人知道，我們對於心的知識如何比對於身的知識較爲優先、較爲確定，甚至較爲明白，則我們必須說，各種性質是不能屬於虛無的，這乃是依照良知可以極其明白看到的一個道理。因此，我們不論在什麼地方看到一些性質，在

12

那地方一定有一種事物或實體，爲那些性質所依託。這種良知還指示我們說，我們在一種事物或實體中發現的性質愈多，則我們對該事物或實體知道得愈爲明白。不過我們在我們心中所見到的性質分明比在任何別的事物中所見到的爲多。因爲不論在任何場合，我們在知道一種事物時，同時必然更確乎知道我們自己的心。例如：我如果因爲觸著地球、看到地球，因而判斷地球是存在的，則我更可以本著同樣根據和更大的理由，相信我的心靈是存在的。因爲我雖然以爲自己觸著地球，可是它也許是不存在的；但是我既然如此判斷，則這樣判斷的心，當然不能不存在。關於呈現於我們的心靈的一切物象，我們都可以如此說。

爲什麼這層道理不是人人都知道的？

那些不曾循序漸進地推論過的人，對於這個題目，或許有別的意見，因爲他們根本就不曾很細心地把心和身分別清楚。他們雖然不難相信他們自己存在著，而且這種信念比對於任何別種事物的信念還大，可是他們不知道，所謂**他們自己**，是單指他們的**心靈**說的（如果問題涉及形上學的確實性），反而以爲他們自己就是眼所見、手所觸的那些身體，並且誤認那些身體有知覺能力，因此，他們就不能清晰地了解心靈的本性。

13

在何種意義下，我們對於別的事物的知識是依靠於我們對上帝的知識。

不過，能這樣地自知的人心雖然還在懷疑別的一切事物，可是它在張目四望，以求擴展其知識時，它就在自身中首先發現了許多事物的觀念；而且它如果只是思維它們，既不確認，也不否認：除了它自己以外還有別的事物和那些觀念相應，那麼它也不至於有陷於錯誤的危險。此外，人心還發現了某些共同意念，並由此構成各種解證，這些解證帶著很大的確信，使我們只要注意它們，它們就足以使我們不可能懷疑它們的眞實。例如：人心在其自身中就有數目和形相的觀念，而且在其普通的意念中，還有「**等量加等量，結果亦相等**」等等原理。由此就容易解證，三角形的三角等於兩直角等等。我們只要注意這一類的結論所緣以推演出來的那些前提，我們就會相信它們的眞實。不過，因爲人心不能永遠注意思維這些前提，當它只記得結論而不記得演繹的步驟，並且不確知造物者是否把它造得易於受騙時（即使在看來最明顯的事物方面），它就看到有正當理由可以懷疑那一類結論的眞實，並且以爲自己在發現它的造物主以前，不能有任何確定的知識。

14 從包含在我們對上帝的概念中的必然存在，我們可以充分推斷出祂的存在。

人心後來在複檢其具有的各種觀念時，它就發現了一個極其主要的觀念——一個全知、全能、全善的神明觀念。它看到，在這個觀念中，不只含有可能的偶然的存在（如它在它所明白知覺到的其他一切事物的觀念中那樣），而且含有絕對必然的、永恆的存在。例如：因爲在三角形的觀念中，必然含有「三角等於兩直角」這個觀念，因此，人心就堅決相信，三角形的三角是等於兩直角的；同樣，它既然看到，在至極完美的神明觀念中，含有必然的、永恆的存在，因此，它也當顯然斷言，這個至極完美的神明就存在著。

15 必然的存在並不在同樣方式下包含在我們對別的事物的意念中，其中只含有偶然的存在。

人心如果認爲，在它對任何別的事物的觀念中，它並不能發現出其中含有必然的存在，則它更容易確信上述結論的眞實。因爲，只根據這種情節，它就會看出，至極完美的神明觀念不是由它自己構成的，而且知道，它不是表象一個幻想，而是表象一個眞實不變的本性。這種本性，人心既然只能設想它是必然存在的，因此，它就必然存在著。

16 許多偏見阻礙許多人不能明白看到上帝存在的必然性。

我們的心如果首先完全擺脫一切偏見，則它一定不難同意上述的這種眞理。但是我們既然在別的一切事物方面慣於分別本質和存在，慣於任意想像許多現在和過去都不存在的事物的觀念，那麼，我們的思想如果不專心思維至極完美的神明，我們就容易懷疑：我對祂所抱的這個觀念，是否也是我們任意造成的，或者至少說，是否屬於那種並不包含根本存在的事物。

17 在我們對於一個事物的觀念中，客觀的（表象的）完美性愈大，則它的原因亦愈完美。

當我們進一步思維我們心中的各種觀念時，我們很容易看到，如果我們把它們只當作思想的一些情狀來看，它們是沒有什麼差異的，但如果我們把它們同它們所表象的物象一參照，它們就大相差異了。它們所含的客觀的完美性愈大，則它們的原因也愈完美，這種情形正和一個人對於一架極精巧的機器具有觀念一樣。在這裡，我們正有權利詢問，他是怎樣得到這個觀念的，例如：他是在別處見過別人所造的這種機器呢？還是他充分精確地學了機械科學？或者具有充分的天才，不在任何地方看見那類東西，就能夠自己發明一個呢？因爲所有的巧思妙構，在那個觀念中雖只有客觀的存在（如在圖畫中似的），可是它在其原始的主要的原因（不論這種原因是什麼）中，一定不僅有客觀的或表象的存在，而且還有確實是形式的或顯著的存在。

18

我們由上文所說，又可以推斷出上帝的存在來。

因爲我們在自己心中發現上帝（或至極完美的存在）觀念，我們就有權利詢問，我們是由什麼根源得來這個觀念的？我們會發現，它所表象的那些完美品德是偉大無邊的，因而使我們十分相信，我們只能由至極完美的一位神明得到它，也就是由實在存在著的上帝得到它。因爲我們可以根據良知明白看到，不只任何事物不能由無中生出，不只更完美的事物不能由不甚完美的事物生出（就是說不甚完美的事物不能爲較完美的事物的動因和總因），而且我們自身或身外，如果沒有一種原型，實際包括著向我們表象的一切完美品德，則我們便不可能得到任何事物或表象的觀念。不過，因爲我們絕對不能在自己身上發現出我們對之有觀念的那些絕對的完美品德，我們就必須斷言，它們存在於與我們的本性不同的一種本性中，那就是說，它們存在於上帝身上，至少曾經在祂身上存在過。而且我們可以根據它們的無限性很明白地推斷它們仍是在那裡的。

19

我們雖然不能了解上帝的本性，可是我們對於祂的完美品德，比對於別的事物還知道得更清楚。

人們如果習於思維上帝這一觀念，並且體會祂的無限完美的品德，則上述的眞理將對他們顯得充分確實而明顯。因爲我們雖然不能了解那些品德（因爲無限者的本性就在於其不能爲有限事物所了解），可是我們想起那些品德來，仍比想起物質的事物較爲清晰、明白。因爲它們是很單純的，不被界限所障蔽的，因此，我們想起它們來便更爲清楚。任何觀察都不能比這種觀察更爲重要，更能啟發人的理解，因爲這個對象的完美品德既無限制，我們在考察它時，就感到滿意和確信。

20

我們不是自己的原因，只有上帝是我們的原因，因此，就有一位上帝。

不過這一層面不是人人所曾觀察到的，我們在有了精妙機器的觀念時，雖然往往很精確地知道自己是由何種方式得到這些觀念的，可是我們並不記得，上帝這一觀念是在何時傳給我們的（因爲我們知道它是常在我們心中的），因此，我們必須繼續複檢，考察我們的造物主，因爲我們心中切實具有一位上帝的無限完美品德的觀念，因爲據良知看來，我們極其清楚，一種事物如果能知道較自己完美的另一種事物，則它一定不是自己存在的原因，因爲若是如此，它就該把自己所知道的完美品德都給了自己。因此，我們只得說，它一定是由具有所有那些完美品德的神來的，也就是說一定是由上帝來的。

21 只有我們生命的綿延，足以解證出上帝的存在。

如果我們思考時間的本性，或事物的綿延，我們就會明白看到上述解證的眞實。因爲綿延之爲物，其各部分都是不相依屬的，而且是永不共存的。因此，我們不能根據我們目前存在的這個事實，就必然斷言說，下一刻我們也將存在，除非某種原因（原來產生我們的那種原因）好像會繼續產生我們，亦即保存我們。因爲我們很容易理解，我們並沒有保存自己的能力，而有能力藉其自身來保存我們的那位神，一定也憑著更大的理由保存祂自己，一定不需要任何別的事物來保存祂，因此，祂就不能不是上帝了。

22 在按這裡所說明之方式認識上帝的存在時，我們也可以在單憑良知所能認識的範圍內，認識祂的一切品德。

我們如以上帝這一觀念來證明上帝的存在，那是有很大好處的，那就是：我們同時還在自己柔弱本性所允許的範圍以內，知道祂是什麼樣的。因爲我們在思考上帝這個與生俱來的觀念時，我們就看到，祂是永恆全知、全能的，是一切眞和善的泉源，是一切事物的創造者，而且祂所具有的無限完美的品德（或善），分明是毫無缺點的。

23 上帝不是有形體的，祂並不像我們一樣要以感官來知覺，而且祂也不希望發生罪惡。

因爲世界上許多事物雖然也具有幾分完美性，可是它們多少有些殘缺的、有限的，因此，那一類事物都是不能在上帝身上存在的。廣延性既是物體的本性，而且地方的廣延性既然會有可分性，這就表示出一種缺點來，因而我們可以確知，上帝不是物體。在人的方面，他們能用感官來知覺，雖是一種完美的性質，不過每種感官都有被動性，這就表示它是有依靠性的，因此，我們必須斷言，上帝是完全不具有感官的。此外，祂的意志作用和理解作用也不像我們一樣，要借助各種分別的動作，祂是藉由一的、一律的、最簡單的動作來理解、意欲並促動一切實際存在的事物的。祂並不希望發生罪惡，因爲罪惡只是存在的否定。

24 從了解上帝進到了解萬物時，我們必須記住，我們的理解是有限的，上帝的能力是無限的。

不過，我們知道，只有上帝是一切已存或將存事物的眞正原因，因此，我們如果以自己對於上帝的知識，來闡明祂所創造的各種事物，並且企圖根據自己心中的天賦意念來加以推斷，那麼我們就會無疑地遵循最好的推論方法，因爲我們這樣做，就可以得到最完美的科學，即由原因推知結果。不過要使我們的企圖完全免於錯誤，我們就必須小心謹慎，心中盡量記住，造萬物的上帝是無限的，而我們是完全有限的。

25 上帝所啟示的縱然不是我們所能理解的，我們也應該完全相信它們。

因此，如果上帝給我們或別人啟示一些不是我們智慧的自然能力所能理解的有關祂自己的事情，如下凡投生、三位一體等神祕之事，雖然我們不能明白地理解它們，我們也不該不相信它們。在祂的廣大的本性中，甚至在祂所創造的事物中，雖有許多事物不是我們所能了解的，我們也正不必驚異。

26 關於無限，我們不必企圖理解，我們只要把那些無界限的事物，如世界的廣延性、物質各部分的可分性，以及星宿的數目等。認爲是無定限的即可。

因此，我們就不應在無限方面興起各種爭執，使自己感到困惑。因爲以我們這種有限的生物，來決定無限，那是荒謬的，而且，要想以有限來把握無限，那就無異給無限以一種限制。因此，人們如果問起，無限長的線的一半是否還是無限，無限的數目是雙是單等等，我們就可以不必置答，因爲人們只有在想像自己的心是無限時，似乎才會發出這些問題。在我們方面，關於我們在某些意義上發現不出界限來的事物，我們不說它們是無限的，只說它們是無定限的。就如，我們所能想像到的廣延性，決不會已經到了極限，無法想像得更大，因此，我們就說，可能事物的體積是無定限的。而且一個物體所分割的最小部分，既然仍可以在想像中分割成更小的部分，那麼，我們就不妨認爲任何數量都可以分成數目無定限的部分。此外，我們所想像的星宿不論如何多，我們總還能再想像，上帝創造的星宿比這更多，因此，我們也可以假設它們的數目是無定限的。說到別的例證，也是一樣。

27

無定限和無限有什麼分別？

我們所以要稱那些事物爲無定限的，而不稱它們爲無限的，乃是想只把「無限」這個頭銜留給上帝。我們之所以如此，第一因爲我們不僅發現祂在任何方面沒有限制，而且我們還確實設想，祂就不容有任何限制。第二因爲我們並不同樣地確實設想別的事物在各部分都無限制，我們只是消極地承認，它們的界限（如果有的話）不是我們所能發現的。

28 我們不當考察萬物的目的，只當考察它們的動因。

最後，我們也不從上帝或自然在創造自然事物時所定的目的方面來尋找自然事物的理由，因爲我們不當擅想自己可以同神明來共商鴻圖。我們只當把祂認爲是一切事物的動因，並且把祂所賦與我們的良知，應用在祂願意讓我們窺知一二的祂的一些品德上，以便發現，關於我們憑感官所見的那些結果，以及我們必須作出什麼結論。只是我們應該記住前述所說過的話：在良知的命令不違反上帝的啟示時，我們才應該信賴良知。

29 上帝不是我們錯誤的原因。

這裡我們所應當考察的上帝的第一種品德，就是：祂是絕對眞實不妄的，而且是一切光明的泉源。因此，要說祂會欺騙我們，或者完全是使我們陷於自己所能意識到的那些錯誤的原因，那分明是矛盾的說法。因爲欺人之技，在人類中間雖可以表示人心的巧妙，可是那種欺人的意向，無疑是由惡意、恐懼或怯懦來的，因此，它是不能諉於上帝的。

30 因此，凡我們所能明白知覺的一切都是眞實的，因此，我們就可以擺脫上述的種種懷疑。

31

由此，可以得出結論，良知或上帝所給我們的知識能力，只要它能認識任何對象，清晰地、明白地理解那個對象，它就永遠不會了解不眞實的對象。因爲，如果上帝給我們的這種官能是貽誤人的，而且使我們在正確運用它時會認假作眞；那麼上帝就委實應當得到騙子這個頭銜了。這樣一來，我們的最大懷疑就根本剷除了，我們也就不能再懷疑，我們是否由於本性的關係，在那些我們看來最明顯的事物方面也會受騙。這個原理也可用以反駁我們所列舉的一切懷疑的根據。因此，數學的眞理是不能懷疑的，因爲這些都是屬於最明白的眞理之列的。如果我們在醒時或睡時藉感官來知覺任何事物，只要能把明白的和清晰的知識同曖昧的和紛亂的知識分開，我們就容易發現眞理。在這個題目上，我也就不必多費脣舌了，因爲在《沉思錄》中我已經充分論究過，而且下面的文章也足以更精確地解釋這一點。

我們的錯誤在上帝方面而言只是一些否定，不過在我們方面而言，它們乃是一些缺陷。

雖然上帝不是騙子，我們卻往往陷於錯誤，因此，我們如果想探究錯誤的起源和原因，以便防止它們，那我們就必須說，它們依靠我們的意志，而不是依靠我們的理解，而且要產生它們，也不必一定要上帝參與其間。因此，從上帝方面來思考，它們只是一些否定，而從人類方面思考，就成了缺陷。

32 我們只有兩種思想方式，一爲理解的知覺作用，一爲意志的動作。

因爲我們所能意識到的一切思想方式可以分爲概括的兩類，一類是理解的知覺作用或效力，一類是意志的作用或效力。憑感官而進行的知覺作用、想像作用，或對純粹僅能用智力了解的事物的概想作用，都是知覺的各種不同的情狀，至於欲望、厭惡、確認、否認、懷疑等，都是意欲的各種不同的情狀。

33 我們所判斷的事物，如果不是我們所不充分了解的，則我們的判斷永不會錯誤。

我們對於一件事物，如果不構成任何判斷，則我們在了解它時，不至於有犯錯的危險；即使我們已對它構成一種判斷，可是我們所同意的如果只是我們所明白地、清晰地知覺到的，則我們也不會陷於錯誤。我們所以常發生錯誤，乃是因爲我們對於自己所判斷的事物，並沒有精確的知識，就貿然進行判斷。

34 在判斷時，意志和理解都是必需的。

我承認，在判斷時理解是必需的，因爲我們萬不能假設，我們能夠判斷我們所不了解的東西。不過想要同意我們在任何程度下所知覺到的事物，意志也是必需的。不過在構成一個判斷時，我們並不一定要完全了解一種事物，因爲有許多事物，我們縱然對它們只有很模糊、很紛亂的知識，我們也可以同意。

35 意志較理解的範圍爲大，這就是我們錯誤的來源。

其次，智力的認識，只擴及於呈現於它面前爲數不多的幾件事物，永遠是有限制的。而在另一方面，在某種意義下，意志可以說是無限的，因爲我們看到，任何人的意志的對象，甚至是上帝的無限意志的對象，都可以成爲我們意志的對象。因此，我們往往易於使意志超出我們所能明白了解的那些對象以外。既然如此，則我們偶爾錯誤，也就不足爲奇了。

36 我們的錯誤不能諉諸上帝。

不過，上帝雖然沒有給我們以一個全知的理解，我們卻萬萬不能因此就說祂是我們錯誤的造成者，因爲被創造的智力其本性就是有限的，而有限的智力其本性就是不能把握一切事物的。

37 人的主要的完美之處，就在於他能藉意志自由行動，他之所以應受讚美或應受懲責，其原因也在於此。

意志之所以有較廣的範圍，正合於它的本性。而且人之能藉意志自由動作，乃是一種高度的完美性質。因爲只有這樣，他才能在特殊方式下支配自己的行動，並因而應受讚美或懲責。自動的機器雖然可以精確地進行其所適宜的運動，可是它們並不因此爲人稱讚，因爲它們的運動的進行，乃是必然的。只有創造它們的工程師乃是可以稱讚的，因爲他把它們造得十分精確，而且他的行動不是必然的，乃是自由的。根據同樣理由，我們也當認爲自己不只是機器，而還更進一步，因爲我們在接受眞理時，並非出於必然，而是自由的。

38

錯誤是我們行動方式中的一個缺點，不是我們本性中的一個缺點，而且臣民的錯誤雖然常常可以歸於別的主人，卻不能歸於上帝。

自然，在我們往往發生錯誤時，我們的行動方式是有某種缺點的，或者在運用我們的自由方面來說，我們是有某種缺點的，不過在我們的本性中並沒有缺點，因爲我們的判斷不論爲眞爲僞，我們的本性是不變的。雖然上帝本可以給我們以智力上的聰明，使我們永不會犯錯誤，可是我們並沒有任何權利，來向祂要求這一點。因爲對我們來說，凡是知道能防避禍患的人，竟然不防止它，確實可以說是犯了罪惡，可是上帝雖有能力來防止我們的錯誤，我們也不能說祂應對我們的錯誤負責，因此有些人所擁有的對別人的支配權，就是爲了使他們能防止下面的人作惡而設立的，可是上帝支配全宇宙的那種權力，乃是完全絕對的、自由的。因爲這種緣故，我們應當感謝祂給我們的那些好處，不當抱怨祂沒有賞賜我們（據我們所知）祂有力量賞賜的一切。

39

我們意志的自由是自明的。

最後，我們還分明具有一個自由的意志，可以任意來同意或不同意。這個眞理可以歸在我們與生俱來的那些最初的最普通的意念中。這一點已經表現得很明白了，因爲我們在試圖懷疑一切事物時，我們縱然假設了：創造我們的那一位，曾用其無限的權力在各方面來欺騙我們，可是我們還覺得自己有一種自由，可以不相信那些稍不確定、稍可懷疑的事物。可是在這種時候，我們不能懷疑的事物（自由），仍同我們一向所能知道的任何事物一樣自明，一樣清楚的。

40

我們還確實知道，上帝預先規定了一切。

我們在上帝方面所發現的一切，使我們相信，祂的權力是極其巨大的，因此，如果我們設想，我們能做不是祂所預先規定的任何事情，那是一種罪過。但是我們如果著手把上帝的預先的命令和我們的自由意志調和起來，並且想在同時了解這兩種眞理，則我們便會立刻碰到一些大的困難而感到爲難。

41

我們的意志自由如何可以同神聖的預先的命令相調和。

不過，相反地，我們也可以擺脫這些迷惑，倘使我們記得我們的心是有限的，而上帝的權力是無限的；祂不但可以憑其權力永遠知道現在或未來，而且祂可以意欲它或註定它。因此我們就有充分的智慧，可以明白地、清晰地知道上帝有這種權力，不過我們的智慧卻不足以了解祂爲什麼不使人的自由行動確定起來。在另一方面，我們確乎意識到自己有一種自由和無動於衷的能力，而且我們所知道的事物，再沒有此這一點更爲明白、更爲清楚，因此，上帝的全能也就不應當使我們不相信這種自由，因爲，我們如果由於不了解自己明知其不可了解的另一種事物，就來懷疑自己所充分意識到的事物，以及我們經驗到的那些存在於自己身上的事物，那是荒謬的。

42

我們決非有意要犯錯，可是我們的錯誤仍由意志而來。

不過，我們既然知道我們的一切錯誤都依靠於我們的意志，而且沒有人願意欺騙自己，那麼我們的判斷如果發生錯誤，那似乎就很奇怪了。不過我們必須注意，願意受騙和願意同意含有錯誤的意見，實在是大不相同的兩件事。因爲，雖然沒有人明白願意陷於錯誤，可是我們所見的人，卻差不多都容易同意於各種意見，實則那些意見中往往是隱伏著錯誤的，只是他們不知道罷了。我們甚至常看到，有些人由於不充分知道達到眞理的正當層次，所以，他們追求眞理的欲望，竟使他們倉卒判斷他們所不明知的事體，結果他們就常常發生錯誤。

43
我們如果只同意於自己所明白地、清晰地了解到的東西，我們便永不會犯錯。

不過我們分明知道，我們如果只判斷我們所明白地、清晰地了解到的那些事物，則我們永不會把虛妄認爲眞實。因爲上帝既不存心騙人，那麼，祂所給我們的知識官能，一定不能是錯誤的，而且，根據同樣的理由，我們如不把自己的意志官能擴及於我們所明知的物象以外，那麼它也不會是錯誤的。縱然我們不能拿理論來證實這個眞理，一切人心自然也會同意它所明白認知的事物，並且會經驗到：要懷疑它的眞理是不可能的。

44
我們如果同意我們所不曾明白知道的事物，則我們的判斷縱然偶爾是準確的，我們的判斷也始終是不適當的。

我們的記憶常常欺騙我們，使我們誤信某些事物是以前我們所充分了解的。我們還分明知道，我們如果同意自己所不了解的任何理由，則我們總會陷於錯誤，縱然碰到眞理，那也只是偶然。因此，我們也永不能確信自己是不犯錯誤的。自然我也承認，當我們已經看出我們並不了解一件事物時，我們通常不會勉強自己來判斷它，因爲良知就命令我們，不要判斷自己所不知道的事物。不過我們之所以常常犯錯誤，乃是因爲擅想自己對於自己所同意的事情過去曾有充分的知識，好像它是貯藏在我們的記憶中而爲我們所熟知的東西一樣，實則我們沒有這樣的知識。

45 明白的、清晰的知覺由何成立？

世上誠然有許多人，終其一身亦不會以合於適當判斷的途徑來認知任何事物。因爲我們要想建立確定不移的判斷，則我們所依靠的知識不僅要明白，而且還要清晰。所謂明白的對象，就是明顯地呈現於能注意它的那個心靈的對象，就如一些對象如果呈現於觀察它們的那個眼睛前面，以充分的力量來刺激它，而且眼睛也處於觀察它們的適當的位置，那麼我們可以說自己是明白地看到了那些對象。至於所謂清晰的對象，則是界限分明與其他一切對象厘然各別，而其中只包括明白內容的一個對象。

46 由痛苦的例證可以看出，一個知覺即使不清晰，也可以是明白的；不過凡是不明白的知覺，都不會是清晰的。

例如：任何一個人在感到劇痛以後，他對於這種痛苦的知識是很明白的，不過那種知識卻不是永遠清晰的。因爲感到痛苦的人往往把這種知識和他們對痛苦本性所構成的模糊判斷相混淆，以爲在感到痛的那一部分，有一種類似只有他們自己所能意識到的痛苦感覺的東西。由此可見，不清晰的知覺也可能是明白的，但是它如果也是不明白的，那它一定不會是清晰的。

47 想要改正我們早年的偏見，我們必須考察我們的各個簡單意念中，含著什麼明白的成分。

在我們早年，我們的心靈耽於身體，因此，它雖然很明白地看到許多事物，可是它還不能清晰地知道它們。不過在那個時候，我們已在許多事物方面運用了我們的判斷能力，因此，我們就養成了許多偏見，而且大多數人往往在以後也沒有擺脫那些偏見。不過現在爲了使自己能夠擺脫這些偏見，我願在這裡簡略地列舉出我們的思想所由以組成的一切簡單的意念，並在每一個意念中分辨出何爲明白的，何爲模糊的，或易引起錯誤的。

48 我們知識的一切對象可以分爲兩種，一是各種事物或事物的性質，一是永恆的眞理；並附帶列舉一些事物。

凡落於我們知識中的一切對象，我們或則認爲是一些事物，或事物的性質，或則認爲是只在心中存在的一些永恆的眞理。在第一類中，最普遍的對象就是實體、綿延、秩序、數目，或許還有別的；這些意念可以應用於各種各類的事物。在這些事物方面，我只承認有兩個最高類（summa genera）。第一類是有智力的事物，或有思維能力的事物，其中包含著人心或能思的實體及其性質。第二類是物質的事物，其中包括著有廣延性的實體或身體及其性質。知覺、意志，以及一切知識情狀和意志情狀，都是與思維實體有關的；另一方面，體積以及長、寬、高三量向，形相、運動、位置、部分本身的可分割性等等，都是屬於有廣延性的實體的。不過除此以外，我們還內在地經驗到某些事物，它們既不能單屬於人心自身，也不能單屬於身體，它們是屬於身心兩者的密接聯合的，我們後續將在適當地方指示出這一點。屬於這一類的，有飢渴之欲等等，又如不完全是心理作用的人心那些情緒或情感，如忿怒、喜悅、悲傷、愛情等情緒，也屬於這一類。最後，一切感覺，如痛苦、搔癢、光覺、色覺、音覺、嗅覺、味覺、熱度、硬度，以及別的可感的性質，也都屬於這一類。

永恆的眞理是不能這樣列舉的，不過這也不是必需的。

49 我前述所列舉的，我們都可以看做是一些事物，或是事物的性質或情狀。現在我們就來談談永恆的眞理。當我們了解無中不能生有時，「ex nihilo nihil fit」（無中生有）這個命題，就並不被認爲是實際存在的一種事物，或一種事物的情狀，它只是在我們心中存在的一條永恆的眞理，就是所謂公共意念或公理。屬於這類的，有下列這些：如說「一物不能同時存在而又不存在」；「凡已做了的，就不能再取消」；「一個能思想的人，在他思想時一定存在著」等等。此外還有別的無數眞理，這些眞理我們是難以一一列舉的，而且我們也不必如此列舉，因爲我們如果不被偏見所蔽，則我們在有機會思想它們時，一定不會不知道它們。這些眞理是可以明白認知的，不過人類有偏見，所以他們不能都同樣知道它們。

50 說到這些公共的意念，則我們確實相信，它們是可以明白地、清晰地被人認知的，否則它們就不配稱爲公共的意念。有些眞理因爲不同樣被所有的人所接受，似乎並不同樣稱其名，不過我想，這種情形之所以發生，並不是因爲這一個人的知識官能比另一個人的知識官能範圍較爲廣大，而是因爲這些公共的意念和某些人的偏見相對立。因爲別的沒有偏見的人可以極其明白地了解那些眞理，可是具有偏見的人是不能很容易地接受它們的。

51 何謂實體？這個名詞在應用於上帝和被造物時，意思是不一樣的。

不過說到我們所認爲是事物或事物情狀的東西，則我們應當分別加以考察。所謂實體，我們只能看作是能自己存在而其存在並不需要別的事物的一種事物。的確，我們只能設想有一個絕對獨立的實體，那就是上帝。而且我們知道，一切別的事物之所以能存在，只是藉助於上帝的恩澤。因此，實體一詞並不是**在同一意義下**（借用經院中慣用的術語）應用於上帝和萬物的；那就是說，我們並不能清晰地理解這個名詞的任何含義是上帝和萬物所共有的。

52 這個術語可以在同一意義下應用於人心和身體，並論實體本身是如何被人了解的。

被造的實體，不論其爲有形體的或思想的，都可以在這共同的概念下加以存在，因爲這些事物是只需要上帝的恩澤而不需要其他東西就能存在的事物。不過我們原來所以能發現出實體來，卻不僅因爲它是一個獨立自存的東西，因爲「存在」自身是不能爲我們所觀察到的。不過我們卻容易根據實體的任何屬性來發現實體，我們的發現就憑藉於這樣一個公共意念，即是：任何屬性或性質，都不能

53

沒有一種東西作爲依託。因爲，我們既看到有一些屬性存在，我們就推斷說，這些屬性所依附的事物或實體也必然存在。

每一個實體都有一種主要的屬性，如思想就是人心的屬性，廣延性就是物體的屬性。

不過，任何屬性雖都足以使我們知道有一個實體，可是每一個實體都只有一種主要的性質，來構成它的本性或本質，而爲別的性質所依託。例如：長、寬、高三種廣延性，就構成物質實體的本性，思想就成爲能思實體的本性。因爲凡能諉於物體的任何別的屬性，都要有廣延性爲其先決條件，而且只是有廣延性的事物的某種情狀；同樣，我們在人心方面所發現的一切性質，也都是思想的各種情狀。這樣一來，除了是在有廣延性的事物內，我們便不易設想形象，除了在有廣延性的空間內，我們便不易設想運動，除了是在一個能思想的事物內，我們便不能設想想像、感覺或意志。不過在另一方面，離了形相或運動，我們卻能設想廣延性，離了想像或感覺，我們卻能設想思想，對於其他實體也是這樣。任何人只要注意這些事，就可以明白看到這一點。

54 我們對於能思想的實體、物質的實體，以及上帝，如何能有明白而清晰的意念？

我們如果仔細地區分思想的屬性和廣延性的屬性，我們就容易獲得兩個明白而清晰的觀念或意念：一是被造的能思想的實體的觀念，一是物質的實體的觀念。此外，我們如果不認爲上帝觀念給我們確切地表象出他身上的一切性質，而且我們如不在這個觀念中混雜任何虛構的東西，只注意對他的觀念中所包括的那些特質，只注意我們明知屬於絕對完美的「造物者」本性的那些特質，那麼，我們對於上帝，對於不被創造的、獨立的思想實體，也可以得到一個明白而清晰的觀念。因爲人們如果否認我們心中有這樣一個上帝觀念，那他們就已毫無根據地假設，人心對上帝是毫無所知的。

55 我們如何也可以清晰地存想綿延、秩序和數目。

說到綿延、秩序和數目，我們如不把專屬於實體概念的性質，同這些觀念混雜起來，而只認爲，只要一件事物繼續存在，那麼，我們對於綿延、秩序和數目，也可以有一些最清晰的概念。同樣地，我們可以想像，這件事物的綿延就是我們對它想像時的情狀，秩序和數目實際上與有秩序有數目的那些事物不相差異，它們只是我們多種多樣地考慮這些事物時的一些情狀。

56　什麼是情狀、性質和屬性？

誠然，我們這裡所說的情狀（modes）同別處所稱的屬性（attributes）和性質（qualities）是有同樣意義的。但是在我們思考那種受這些性質影響的實體時，我們就用情狀一詞；我們如果根據這種變化來指稱那個實體如何如何，我們就用性質一詞（以表示它由此得名的那些不同情狀）；最後，我們如果只把這些情狀看做是在實體以內存在著的，我們就叫它們爲屬性。因此，我們既然必須認爲上帝是超乎變化的，我們就不當說，祂有情狀或性質，只當說祂有屬性。甚至在被造物方面，其中如果發現有恆常的情狀，如存在著的事物的存在，綿延著的事物的綿延，則這些東西不應當叫做情狀或性質，只應叫做屬性。

57　有些屬性是眞正存在於具有那些屬性的事物中的，有些只是存在於我們的思想中；在這裡，並說明什麼是綿延和時間。

在這些屬性或情狀中，有些存在於事物本身，有些只存在於我們的思想中。就以時間而論，我們就認爲它和一般的綿延有別，而且稱它爲運動的尺度，它只是我們在存想綿延本身時的某種情狀，因爲我們並不認爲運動事物的綿延和靜止事物的綿延有別。這可以從下面一事看出來，就是：如果兩個物體運動了一小時，一個運動得很快，一個運動得很慢，我們並不要在前者方面比後者方面計算較多的時間，雖然前一個物體的運動較後一個物體的運動爲多。不過爲了在一個共同尺度之下來了解一切事物的綿延起見，我們就把它們的綿延和能發生年和日的那些最大而最有規則的運動加以比較，而叫它做時間。因此，我們所稱爲時間的那種東西不是加於一般綿延上的一種東西，乃是一種思想方式。

58

數字和一切普遍觀念都只是思想的方式。

同樣，我們如果不思考體現於被造物中的數字，只在抽象方面或概括方面思考數字，那麼數字也只是思想的一種情狀；至於我們稱之爲普遍觀念的那些概括觀念，也都是如此。

59

普遍觀念是如何構成的？所謂類、種、差別、特性、偶然性，這五個詞是什麼樣的？

普遍觀念之起，只是因爲我們在思想一些相似的特殊物象時，應用了同一觀念。當我們在一個名稱下思維這個觀念所表象的一切物象時，這個名詞就成了普遍的。例如：如果我們看到兩塊石頭，只思考它們是兩塊，而並不注意其他，我們就構成所謂「兩個」的觀念。後來我們如果又看見兩隻鳥或兩棵樹，只注意它們是兩個，則我們又應用了與以前相同的觀念，因此，它就成了普遍的。因此，

60

我們就以「兩個」這個普遍名稱來稱呼這個觀念。同樣，我們如果思考一個具有三邊的形相，我們就構成某個觀念，並稱之爲三角形觀念，以後我們把它當做普遍觀念在我們心中表象一切其他具有三邊的形相。但是，當我們仔細注意到，在各種三邊形以內，有些是直角的，有些不是，則我們又構成一個直角三角形的普遍觀念，這個觀念對前述那個較概括的三角形觀念來說，可以稱之爲「種」（species）。在這裡，所謂直角就成了藉以分別直角三角形和其他三角形的普遍差異（difference）；再其次，對直角的那一邊的角，又等於其餘兩邊的角，並且，這種特性又是只屬於這一種三角形的，因此，我們就可以稱它是那一個種的普遍特性（property）。最後，我們如果假設，在這些三角形中，有些是運動的，有些是不運動的，這就成了它們的普遍的偶然性（accident）。因此，我們通常說有五種普遍意念，即：類、種、差別、特性、偶然性。

各種差別；先論實在的差別。

不過，各種事物自身之所以有數目，乃是因爲它們原有一種差別。所謂差別共有三類，一爲實在的（real），二爲情狀的（modal），三爲理性的（reason）。實在的差別是在兩個或較多的實體之間存在著的；我們只要能夠離開這個實體，明白地、清晰地存想那個實體，那就足以使我們確信，它們互相間是有差異的。因爲我們關於上帝的知識使得下面一事成爲切實無疑的，即是：祂能夠實現我們所能清晰地觀念到的任何東西。例如：我們現在既然有一個有廣延性、有形體的實體現念，則我們縱然還不確知是否眞有這種東西存在，我們也可以只因自己有這個觀念，而相信那種東西可以存在；並且相信，如果它實在存在著，則我們在這個實體中用思想所劃出的每一部分，一定是和那個實體中其他部分有差別的。同樣，人人既然意識到他在思想著，而且他在思想中可以把其他能思的或物質的實體排除於自身以外，那麼，在這樣思考之下，我們各人就確實同別的每個能思的和物質的實體有實在的分別。

我們雖然假設，上帝把身心連合得極爲密切，使它們成爲一個完整的組合，因而我們不能存想一種比此更密切的連合，可是那兩種實體雖有這種連合，仍然是有差別的，因爲上帝不論以什麼紐帶把它們連合起來，祂依然不能使自己擺脫分劃它們的能力，或分別地加以保存的能力。既然如此，則上帝所能分劃或分別地加以保存的事物，實際是有差別的。

論情狀的差別。

情狀的差別有兩種，一爲情狀本身與其實體的差別，一爲同一實體的兩種情狀間的差別。前者的例證就如：我們可以離開異於實體的情狀，明白地了解實體；而在另一方面，我們在存想這個情狀時，卻不能不同時存想到實體自身。例如：形相（或運動）和其所寄託的實體，便有一種情狀的差別；在確認（或回憶）和人心之間，亦有相似的差別。至於說到後一種，我們也有一個例證，即是我們能夠單獨認出兩個情狀之一，而不必顧及另一個，正如我們離開運動也可以認出形相，離開形相也可以認出運動一樣；不過我們在想到它們任何一個時，卻不能不想到它們所依託的共同實體。例如：如果一塊石頭被移動了，並且它又是方形，則我們就能夠離開運動，單思考它的方形，也可以反過來，離開方形而單思考它的運動。不過離開石頭的實體，則我們既不能思考這種運動，也不能思考這種形相。

至於一個實體的情狀，如果同另一個實體或同另一個實體的情狀有所差異，例如一個身體的運動異於另一個身體或心，又如運動異於懷疑等，在我看來，這種差別應該叫做實在的，不應叫做情狀的，因爲這些情狀，離開它們所寄託的那些實在各別的實體，便不能明白地被人存想。

理性的差別（論理的差別）。

最後，理性的差別則是一個實體和其某種屬性之間（沒有屬性，我們便不能清晰地存想實體自身），或是一個共同實體的兩個屬性之間（我們試圖單獨思考其中任何一種屬性）存在著的那種差別。這種差別之起，顯然是如果我們把實體和其屬性分開，我們便不能對於實體具有明白清晰的觀念；或者，我們如果把兩個屬性分開，則我們也不能對其中一個具有明白的知覺。例如：任何實體一停止了綿延，也就不再存在，因此，綿延就離不開實體（除了在思想中）。又如一般說來，各種屬性雖使我們對於一件事物有幾種不同的想法，如物體的廣延性及其可分性，可是它們和它們所寓托的那個物體並不差異，而且它們自身亦不互相差異，我們只是偶爾離開這一項來亂想那一項，（因此它們只存在於思想中）。自然，我記得在別處曾經把這種差別同情狀的差別歸在一類（在我答覆人們對《沉思錄》所加的〈第一駁難時〉，我在末了曾有此說法），不過在那裡，我只需概括地論究這些差別，而且在那個時候，我只要把它們和實在的差別區別開來，也就達到我的目的了。

63

我們如何能清晰地知道思想構成人心的本性，廣延性構成身體的本性？

我們可以認爲思想構成智慧實體的本性，廣延性構成物質實體的本性，而且我們在存想思想時，只當把它認做是能思的實體本身，在存想廣延性時，只能把它認爲是有廣延性的實體本身。也就是說，我們只能把它們當做人心和物體看，而且我們這樣來存想人心和物體，乃是最明白、最清晰的。此外，我們在存想有廣延性的或有思想的實體時，也比離開思想或廣延性，單獨思想實體時較爲容易。因爲離開思想和廣延性的意念，而抽象地來思考實體的意念，那是不容易的，因爲它們只是在思想本身中有差異的，也就是說，它們只有論理上的差別。一個概念所以較爲清晰，並不是因爲它包含著較少的特性，乃是因爲我們把它所包含的成分同別的一切意念精確地區別開來。

64

我們如何能清晰地存想它們是實體的一些情狀？

我們也可以把思想和廣延性認爲是實體的情狀，因爲同一個心可以有許多不同的思想，同一個物體（體積不變）可以有不同的形態，有時它可以較長，而不寬、不深，有時它又可以較寬而不長。因此，我們如果把它們不當做是獨立存在的實體，只當作是事物的情狀，則它們同實體便有情狀的差別，我們也一樣可以明白地、清晰地存想它們。因爲我們如果把它們認爲是在以它們爲情狀的那些實體以內存在著，我們就把它們同這些實體分別開，而且認識到它們的本來面目。可是在另一方面，我們如果想離開它們所寄託的那些實體來單獨思考它們，我們就會因此把它們認爲是自存的事物，因而把情狀和實體的觀念混淆了。

65 我們如何也能知道它們的情狀？

同樣，我們如果認爲思想的各種情狀（如：理解、想像、回憶、意欲等）和廣延性的各種情狀（如：形相、各部分的位置及其運動），只是它們所寄託的事物的情狀，則我們也會把它們理解得最爲清楚。同樣，我們如果只存想移動，而不求知道能產生它的那種力量（不過在適當地點，我要解釋這一點），則我們也可以清楚了解運動本身。

66 關於我們的感覺、情感和嗜欲，我們雖常有錯誤的判斷，可是我們何以也可以明白地知道它們？

還有我們的感覺、情感和嗜欲，我們對於它們也可以有明白的知識，如果我們留心在我們關於它們所構成的判斷中，只把那些知覺中確切包含的成分，以及我們直接意識到的成分包括進去。不過要遵守這個規則是很不容易的，至少在感覺方面是如此。因爲我們大家無例外地自幼就認爲我們憑感官所知覺的一切事物，在我們的思想以外存在著，而且以爲它們是和我們對它們所生的那些感覺或知覺完全相似的。例如：我們看見某種顏色，我們就以爲自己看到在身外有一種占著位置的東西，而且以爲那種東西和我們所意識到的顏色觀念是完全相似的。由於這種判斷的習慣，我們就似乎把這一點看得很明白、很清晰，因而以爲顏色的外在性是確定無疑的。

67 我們關於痛苦本身的判斷往往是錯誤的。

這種偏見也發生於我們一切感覺中，甚至存在於發癢和痛苦的感覺中。因爲我們雖然一向不愛相信，在我們身外，有一些和發癢和痛苦相似的物象存在，可是我們也不以爲它們只是在心中或我們的知覺中存在，而是以爲它們是在手、足或我們身體的其他部分中存在的。不過我們沒有理由強使自己相信，例如：好像我們在足部所感的痛苦是外於心而存於足中的一種東西；好像我們在日中所見的光，不但存在於心中，而且也存在於日中的。這兩種信念，都是我們幼年的偏見，後續我們就可以明白看到這一點。

68 在這些事物方面，我們如何可以把自己所明白存想到的事物和我們所誤認的事物分別清楚？

想要把感覺方面明白的成分和曖昧的成分加以區分，我們應當極其細心地注意，我們何時是有明白的知識？何時是有曖昧的知識？我們如果把痛苦、顏色或同類的東西，只認爲是一些感覺或思想，則我們便對它們具有明白的、清晰的知識；我們如果認爲它們是在我們心外獨立存在的一些事物，則我們便完全不能對它們形成任何概念。誠然，當任何一個人告訴我們說，他在物體中看到一種顏色，或在他某一肢體感到一種痛苦時，他這話恰好等於說，他在那裡見到或感受到他所完全不知其本性的那種事物，或者說，他並不知道他看見什麼，感受到什麼。因爲一個人並不仔細地考察自己的思想時，固然容易相信，他對那種事物有相當知識，因爲他認爲有一種東西和他所意識到的顏色感覺或痛苦感覺相似；但是他如果仔細想一想存在於有色物體或受傷肢體中的顏色觀念或痛苦觀念給他表象出什麼來，他就會看到，自己對於這樣的東西是絕對不知道的。

69 我們在知覺體積、形相等時，和知覺顏色、痛苦等時，情況完全不同。

我們如果考究下述的情形，則前述的理論更爲明顯。就是因爲我們所知覺的物體的大小、形相和運動（至少是位置的運動，因爲哲學家由於想像有別的運動，就把運動的本性弄得自己也莫名其妙了），及其各部分的位置、綿延、

70

數目，以及我們在一切物體中所明白見到的別的性質，都是由另一條途徑被我們所知道的；我們知道它們時，同知覺同一物體中的顏色，或知覺痛苦、嗅味、滋味，以及必然屬於感官的別的一切性質時，所循的是兩條截然不同的途徑。在我們看到一個物體時，我們不但可以根據形相的現象，也可以根據其顏色的現象同樣來相信它的存在，可是我們知道它的形相特性，要比知道它的顏色特性清楚得多。

我們可以由兩條途徑判斷可感的事物，由一條途徑我們可以免犯錯誤，由另一條途徑我們就陷於錯誤。

由此可見，說我們知覺到物象中的一些顏色，那實際等於說，我們在物象中知覺到某種東西，不過不知道它是什麼，只知道它在我們心中刺激起某種很明白、很活躍的感覺，即刺激起我們所謂顏色的感覺來的一種東西。然而，在這兩種判斷的方式中，委實有很大的差異。我們如果只判斷說，對象中有一些不可知的東西（此處所謂對象就是指獨立自存、發生感覺的那種東西而言），則我們不但不會陷於錯誤，反而可以預防陷於錯誤，因爲我們這樣就不容易魯莽地判斷我們明知自己所不知道的事物。但是，我們如果以爲自己在對象中看到顏色，則我們便容易陷於錯誤，便容易主張說，存在於對象中的所謂顏色是和我們所知覺的顏色完全相似的一種東西，而且我們此後還會認爲，我們對於自己所完全不知覺的這種顏色有明白的知覺。實則我們自己並不知道我們所謂顏色究竟是什麼，而且亦不能存想，我們認爲在物象中存在的那種顏色，和在感覺中所意識到的那種顏色，有任何相似之點。但是，因爲我們看不到這一層面，或者因爲在這些對象中有各種特性，如：大小、形相、數目等等，我們都明白知道它們正如我們感官所知覺的、理解所存想的那樣，眞正存在於或者可能存在於這些對象以內，因此，我們就很容易陷入錯誤，認爲對象中的所謂顏色，是與我們知覺到的顏色完全相似的東西，因而便認爲我們清楚地知覺到我們所不能知覺的東西。

71 我們錯誤的主要原因多半在於兒童時的偏見。

在這裡，我們可以看出我們錯誤首先且主要的原因。在早年，人心極其密切地固著於身體，它所注意的只限於物象在其身體上印了印象後所生的那些思想；它在那時也並不把這些思想參照於它自身以外存在的任何事物。身體受了傷，則心便感到痛苦，身體如遇到有益的事物，則心便感到快樂，身體如果只受了輕微的刺激，既無大益，也無大損，則心便經驗到所謂滋味、嗅味、聲音、熱、冷、光、色等等感覺。這些感覺實在並不表象在我們心外存在的任何事物，而且它們的變化也全看身體受刺激時各部分和情狀的差異而定。

此外，人心在同時還知覺到體積、形相、運動等等。這些東西之所以呈現於心，不像是一些感覺，而像是一些存在的事物的情狀，或者至少也是能在心外存在的事物的情狀，雖然人心那時還看不出這兩種知覺的差異。後來，身體這個機器既能憑自己的天然組織和內在的能力，在各方面自由轉動，在各種途徑下運動，因而可以自由追求有用的事物，而避免無用的事物。那麼，與它密切相連的人心，在仔細考慮它所追求的或避免的對象時，便初次看到，那些對象是在它以外存在的，因此，它不但認為它們有體積、形相、運動等等（它認為這些是事物或事物的情狀），而且還認為它們有滋味、嗅味、以及別的類似的觀念，實則這些感覺只是由它自己所引起的。它在思考別的事物時，既然以它們對它所寄託的身體有益與否為衡，因此，它在判斷各個物象的實在性之或大或小時，就看它們對身體所產生的印象之或強或弱而定。因此，它就相信，在岩石和各種金屬中，比在空氣或水中有較多的實體或物體，因為它看到前者有著較大的重量和硬度。

其次，我們在空氣中，如果感受不到風的流動，或者覺察不到它是熱的或冷的，則我們也容易認爲空氣是不存在的。又因爲各個星球所發的光，只不過如微弱的燭焰似的，因此我們便認爲每個星體也只有那麼大。再其次，人心既然不曾看到地球繞著地軸轉動，而且不曾看到，地面彎曲得就如圓球的表面一樣，那麼，它就容易認爲地球是不動的，地面是平坦的。我們的心從兒時起還沾染了千百種性質相同的別的偏見，後來到了青年，我們又忘記我們在接受這些偏見時，完全無細加考究，而認爲它們是極眞實、極明白的，好像我們當初是藉感官知道它們的，又好像它們是由自然灌輸到我們心中的。

我們錯誤的第二個原因，就在於我們本能忘掉這些偏見。

現在到了成年時期，我們的心已不完全受身體的支配，它亦就不習於把各種事物都歸因於身體，而是也要發現事物本身的眞理，這時，我們便注意到以前所構成的許多判斷都是錯誤的。雖然如此，可是我們仍不容易完全忘記它們，而且只要它們還在那裡存在著，就容易造成各種錯誤。例如：從我們孩提時，我們就想像星球是很小的，因此，我們就很不容易排除這種想像，實際上，根據天文學上的理由來說，它們都是最大的。先入爲主的意見，勢力之大，有如此者。

73 第三個原因是，我們在注意那些不呈現於感官的對象時，常感到疲乏。因此，我們在判斷這些對象時，往往不根據現在的知覺，而常根據先入爲主的意念。

我們的心注意一個對象久了，就會感到疲乏和痛苦。面對那些既不呈現於感官，又不呈現於想像的事物，當人心在注意它們時，就感到莫大的困難。之所以如此，也許是因爲人心同身體的連合自然使它這樣，亦許是因爲我們早年只忙於知覺和印象，所以我們習慣在這些方式下來思維，而且覺得比在別的方式下來思維，較爲容易。因此，結果許多人只能設想像的、有形體的、可感觸的實體，此外就不能再存想別的實體。因爲他們不知道：只有那些具有廣延性、運動和形相的對象才是可以想像的，至於許多別的對象，是用智力才可理解的。因此他們相信，除了物體以外就無物存在，而且最後以爲沒有一個物體不是可感的。不過我們在知覺對象時，不能單純依靠感官，而是必須把理性運用到可感的事物上（如後述所明白指示的），因此，大多數人在其一生，就只有在紛亂的途徑上來知覺各種事物了。

74 我們錯誤的第四個原因是，我們雖以思想附於語句，可是語句並不精確地表示思想。

我們在使用語言時，把自己的思想都附著在藉以表示思想的語句上面，並且把這些思想和這些詞彙聯合起來記在心裡，到了後來，我們覺得想起語句比想起它們所表示的事物還要容易，因爲這種緣故，我們就往往不易清晰地設想任何事物，把我們所設想的和表示它們的那些語句完全分離開。因此，大多數人都只注意語句，而不甚注意其所表示的事物。因此，他們就往往同意一些措詞，而不在上面附加任何意義，這是因爲他們以爲自己曾經了解過它們，或以爲這些措詞是向那些正確地了解它們的人學來的。不過我們不能在這裡詳細地研究這一點，因爲人體的本性還未經詳細解釋，甚至物體的存在還不曾確定。不過我們所說的，似乎已經足以使一個人分辨什麼是清晰而明白的概念，什麼是曖昧而紛亂的概念了。

75
總論正確地進行哲學思考所必須遵守的條件。

我們如果想認眞進行哲學思考，並且想盡力探求自己所能認知的一切眞理，我們第一就得把我們的偏見先撇開，意即，我們必須先細心懷疑我們以前所承認的意見，直到重新考察之後，我發現它們是眞的，然後再同意它們。其次，我們必須依次複檢我們心中的意念，只認定我們所能明白清楚地了解的意念才是

76

眞的。如此一來，我們將首先看到，我們的本性就在於思想，在這個範圍以內我們才是存在的，同時我們還可以看到有一位我們所依靠的上帝；在考察祂的品德之後，我們將能夠考察其他一切事物的眞實性，因爲上帝是它們的原因。除了我們對於上帝和自己心靈所有的這些意念之外，我們還將發現，我們知道別的許多眞實的命題，例如：「無不能生有」等等便是。再其次，我們還將發現自己心中具有關於能被運動、能被分割的一種物質的或有廣延性的實體的知識；此外，我們還知道有某些感覺在刺激我們，如：痛苦、顏色、滋味等，雖然我們還不知道自己所以受刺激的原因。我們如果按次把這些事物考察一下，藉以把我們現在對它們的知識同我們以前對它們的紛亂知識比較一下，我們將會養成一種對於自己所能知道的一切物象，構成明白清晰的知識的習慣。在我看來，最重要、最普遍的人類知識原理，似乎就包括在這少數的教條中。

我們應當相信神聖的權威，而不相信我們的推論，但是除了神聖所顯示的事物以外，我們只應當同意於我們所能明白了解的事物。

不過最要緊的是，我們必須記住一條顚撲不破的定則，就是：上帝所顯示的，是比任何事物都確定得無可比擬的。即使我們的理智的見解，極明顯地提示出與「神示」相反的事物來，我們也應當相信神聖的權威，而不相信我們的判斷。不過在沒有神聖啟示的事物方面，一個人如果只是人云亦云地接受自己並未認其爲眞的事物，把它當做是眞的，並且只信賴自己的感官，只信賴兒童時期的輕率判斷，而不信賴成熟的理性的命令，那他就不夠擁有哲學家的身分了。

第二章　論物質事物的原理

1

我們根據什麼可以確知物質、事物的存在？

我們雖然充分相信物質、事物的存在，不過我們在以前亦曾懷疑過，而且一度把這種存在的信念列於幼時的偏見中，也因此，我們必須考察一下，究竟憑什麼根據我們可以確知這個眞理。第一，我們不能懷疑，我們所有的每一種知覺都是由異乎我們心靈的一種物象來的；因爲我們沒有能力使自己經驗一種知覺而不經驗另一種知覺，而每一種知覺都是完全依靠那個觸動我們感官的對象的。因此，我們就可以提問，那個對象是上帝呢？還是異乎上帝的一種事物呢？不過我們既然知覺到（或爲感官所刺激），而且明白地、清晰地理解到有某種具有長、寬、高的物質，而其各部分又各有各的形相和運動，又使我們生起顏色、嗅味、痛苦等感覺來，因此，上帝如果自動地、直接地把這個有廣延性的物質觀念呈現在我心中，或者間接使別的無廣延性、形相和運動的對象將那個觀念呈現給我們，則上帝確實可以被視做是一個騙子了。因爲我們分明設想這個物質是完全異乎上帝、異乎我們自己、異乎我們的心靈的；而且我們還似乎明白察知，這個觀念之所以在我們心中形成，乃是起因於我們心外存在的對象，而這個觀念和那些對象在各方面都是相似的。不過就上帝的本性來說，祂既然不能欺騙我們，我們就必須毫不遲疑地斷言，一定有一種具有長、寬、高的對象存在，而且它一定具有我們在有廣延性的事物方面所明白見到的一切特性。這個有廣延性的實體，就是我們所謂物體或物質。

2 我們如何又知道人體是和人心密切聯繫著的？

我們還應該斷言，有某種物體是和我們的心更爲密切地聯繫著的，因爲我們明白看到、痛苦以及別的感覺，往往於無意中就會刺激我們。人心意識到這些感覺不是由它自身生起的，而且它既然是一個思想的事物，當然它們也是不屬於它的。因此，這些感覺之起，只是因爲人心和另一個有廣延性、能被動的事物——人身——連合著。不過這一問題我們不在這裡詳細討論。

3 感官的知覺並不能使我們了解事物的眞相，它只能告知我們什麼是有益於身心合一之整體的，什麼是有害於它的。

我們只需要說，感官的知覺只應當歸因於人類身心的這種密切連合，它們往往使我們覺察到，外界物象中哪種性質是有益於這種連合的，哪種性質是有害於這種連合的。不過除了偶然的情形之外，它們並不把這些對象的實相呈現給我們。因爲在我們注意到這一層面以後，我們便可以毫無困難地摒除感官的偏見，而在這個問題上藉著仔細思考自然在我們心中所植入的那些觀念，只求助於我們的理解。

4 物體的本性，不在於重量、硬度、顏色等，而只在於廣延性。

如此一來，我們就會看到，一般說來，物質或物體的本性，並不在於它是硬的、重的，或者有顏色的，或以其他方法刺激我們的感官。它的本性只在於它是一個具有長、寬、高的實體。因爲說到硬度，則我們憑感官對它所知道的，不外乎這一點，即堅硬物體的各部分在與我們的手接觸時，就抵抗手的運動。但是，如果我們的手每次朝向它們運動時，那裡的一切物體都隨著我們的手的前進急速向後退去，我們便永不會感到硬度。可是我們沒有理由可以相信，這樣後退的物體因此就會失掉其所以爲物體的本性。因此，物體的本性並不在於硬度。同樣，我們也可以看出，我們在有形物質中所見的重量、顏色以及別的同類的性質，縱然都排除於物質之外，而物質在此時依然是完整無缺的。由此可見，物體的本性完全不依靠這些。

5 人們對於稀化（rarefaction）和虛空（vaucuum）都有一種先入爲主的意見，因此，它們就混淆了關於物體本性的眞理。

不過仍有兩種原因妨礙人們充分相信，物體的眞正本性只在於廣延性。第一種原因是一個流行的意見，即大多數物體是可以稀化和凝結的，而且在稀化以後，物體的廣延性要比凝結時爲大；有些人甚至剖析入微地說，物體的實體和其數量有別，數量又和廣延性有別。第二種原因是，我們在只設想長、寬、高的廣延性時，我們不習慣說，那裡就有物體，我們只是說那裡有空間，有虛空，而一般人又認爲虛空只是一個否定。

6

稀化作用是由何種途徑進行的？

不過說到稀化作用和凝結作用，無論是誰，只要注意自己的思想，並且不承認他有不明白意識到的事情，則他一定不會假設在那些過程中，除了稀化或凝結的物體變化其形相之外還有別的事物。換言之，所謂稀薄的物體就是指其各部分之間有許多間距，而其中充滿著別的物體的那些物體而言；至於另一方面所謂密結的物體，則是指其各部分互相接近，或減少那些間距，或完全消除那些間距的物體而言，在後一種情形下，物體就成了絕對密結的。不過物體的各部分在互相隔離、逐漸分歧以後，雖可以包含較大的空間，可是它的廣延性仍不比密結時爲大。因爲我們不會把它在稀化時各部分不占的孔隙或間距的廣延性歸於它，只應把那些孔隙的廣延性歸之於充滿這些孔隙的別的物體。就如我們看到一塊海綿吸滿了水或其他液體，我們並不因此就假設它比在乾燥時或縮小時具有較大的廣延性。我們只說，它的孔隙較大了一些，因而那個物體也就分布於較大的空間。

7

脫離了這種解釋法，我們便不能有條有理地解釋稀化作用。

有的人雖然說稀化作用是物體數量增加的結果，而不以前述解釋海綿時所舉例應用的原理來說明它，可是我並不能找出他們所根據的理由究竟有什麼力量。因爲在空氣或水稀化之時，我們雖然不見有任何一個空隙增大，或有新物體占據其中，可是我們寧可斷言，在稀化以後，它們各部分間的距離或空隙增大了體積，並且有新物體占據其中，而不當假設一種莫名其妙的事物，來似是而非地解釋物體的稀化作用。因爲前一種斷言畢竟比後一種假設較爲合於理性。我們也不應當因爲我們不曾憑自己的任何一種感官知覺到這種新物體，就不肯承認這個解釋，因爲我並沒有理由使我們相信，我們可以用自己的感官知覺到一切存在著的事物。我們看到，用這種方法來解釋稀化過程是很容易的，不過要用別的方法來解釋，那卻是不可能的。因爲最後，要假設一個物體增加了以前不曾有的數量或廣延性，而沒有一種新的有廣延性的實體加上去，換言之，即沒有別的物體加上去，那在我認爲是一個明顯的矛盾。因爲我們如果設想一種事物的廣延性或數量增加了，則我們便不可能不同時假設，一定有一種有數量、有廣延性的實體加進去。這一點從下文可以明白看到。

8

數量和數目同有數量、被計數的事物，只在思想中互有差異。

因爲數量不同於有廣延性的實體，數目不同於被計數的事物，並不是在實際上，而只是在於我們的思想中。例如：我們自然可以考察十呎空間所包含著的一個物質實體的全部本性，同時不必注意這個十呎的度量，其明顯的理由就是，我們所設想的那件事物，不論在那個空間的一部分或其全體，本性都是一樣的。在另一方面，我們自然也可以單獨設想十這個數目，以及十呎大的一段連續的數量，而同時不必想到這個有定限的實體，因爲十這個數目的概念，不論我們認爲它是十呎或十個別的事物，它顯然都是一樣的。自然我們在設想十呎這個連續的數量時（雖然不能不同時設想到與此數量相等的一個有廣延性的實體）；也不必一定要設想這個或那個有定量的實體。不過在實際上，任何最微小的數量或廣延性部分，在減去一部分之後，同時實體亦就有相等的減少，而在另一方面，我們如果把實體稍一減少，我們同時也就不能不減少相等的數量或廣延性。

9 特質的實體，若與它的數量分開，則我們只能紛亂地設想它，好像它是一種非物質的東西。

有些人關於這個問題雖然表示出另一個意見，可是我覺得，他們的想法同我在此地所說的話，也並無不同。因爲他們如果把物質的實體和廣延性（或數量）加以分別，則他們所謂「物質的實體」這個名詞是全無意義的，否則他們是在自己心中只對於非物質的實體形成一個紛亂的觀念，而把那個觀念誤歸於物質的實體，同時卻於無形中把物質實體的眞正觀念留給廣延性。他們叫這種廣延性爲偶然性，不過這種說法的不妥當性容易使我們發現，他們的語言和他們的思想是不調和的。

10 所謂空間即內在的場所（internal place）①是什麼?

空間，即內在的場所，同其中所含的物質的實體，在實際上並沒有差異，只在我們慣於設想的它們的情狀方面有所差異。因爲長、寬、高的廣延性不但構成

① 內在的場所指物體的形相和體積而言，外在的場所指一個物體對別的物體的位置而言——譯注。

空間，而且也構成物體。它們的差異只在於：在物體中，我們認爲廣延性是特殊的，並且設想它跟著物體變化；至於在空間方面，我們以爲廣延性有一個概括的統一性，因此，我們在把一個物體由某種空間移出以後，我們並不以爲自己同時也把那段空間的廣延性移去。因爲我們看到，那段廣延性只要保持同一的體積和形相，只要和我們賴以確定這個空間的四周某些物體保持其固有的位置，則那段廣延性仍是不變的。

11

在實際上，空間如何和物質的實體不相差異？

我們很容易看出，同一廣延性不但構成物體的本性，也構成空間的本性，而且這兩種事物，只有在物類和物種的本性與個體的本性發生差異時，才互有不同。如果我們細想我們對於任何物體的觀念，而排除一切與物體的本性無關重要的性質，我們就可以看到這一點。就以一塊石頭爲例，我們首先可以排除它的硬度，因爲那塊石頭如果液化了，或者化爲粉末，它就不再有硬度，不過它仍是一種物體。顏色也可以照樣不加考慮，因爲我們常見到有許多石頭透明得並無顏色。其次，我們也可以排除重量，就以火焰爲例，它雖然很輕，仍屬物體。最後，我們還可以排除冷、熱以及所有這一類的性質，一則因爲我們並不以爲這些性質是在石頭內的，二則因爲這些性質縱然變了，我們也並不認爲石頭就失掉其物體的本性。在這樣考察之後；我們將看到，物體觀念中並沒有剩下別的，只剩下一種在長、寬、高三方面延伸展開來的東西。這種東西是包含在我們的空間觀念中的，而且它不只包含於充滿物體的空間觀念中，而且也包含於所謂虛空的空間觀念中。

12

在我們的思想情狀方面，空間如何異於物體？

不過在我們的思想情狀方面，它們畢竟有一種差異。因爲，如果我們把一塊石頭移出它原來所占的空間或場所，我們就會設想它的廣延性也被移去了（因爲我們以爲這段廣延性是特殊的，是和石頭本身不能分開的），不過我們同時認爲，石頭以前所占的那段空間的廣延性仍是存留著；縱然石頭的地位被木、水、空氣或任何別的物體所占據，或者甚至被假設是空虛的，那座廣延性仍是存留著的。因爲我們此處所考察的乃是一般的廣延性，而且它如果像以前那樣有相等的體積和形相，並與決定這段空間的那些外界物體保持先前的位置，我們就以爲那個廣延性是爲石、木、水、空氣以及別的物體，甚至虛空（如果有這樣東西的話）所共有的。

13 外在的場所是什麼？

這個理由就在於：場所和空間這兩個詞同「占場所的物體」這個詞所指示的並非眞正相異，前者所指示的只是物體的體積、形相及其在其他物體中的位置。因爲在確定這個位置時，我們必須注意其他一些我們所認爲不動的物體，而且隨著我們注意不同的物體，我們可以知道，同一事物在同一時間內，又是改變又是不改變場所。例如：一艘船開到海上，一個人坐在船尾，我們如果注意船的各部分，則那個人可以說是永遠留在一個場所，因爲他對這些部分來說，是保持其同一位置的。另一方面，我們如果注意兩邊鄰近的海岸，則那個人又將顯得不斷移動其場所，因爲他是不斷地遠離這一岸而趨近那一岸的。此外，我們如果假設地球在運動，而且它由西往東的運動正等於船由東往西的運動，則我們又將說，船尾上那個人並沒有變化其場所，因爲這個場所將是被我們所想像的天際的一些不動點所決定的。但是我們如果終於相信，全宇宙中並沒有眞正靜止的點（後面將指出這一層是可能的），我們就會因此斷言，任何事物，除了在我們思想中使之固定不變外，都沒有恆常的位置。

14 空間和場所的差異在哪裡？

空間和場所這兩個名詞畢竟有不同的意義，因爲場所一詞較爲明確地指示位置，很少指示體積或形相，而另一方面，我們在說到空間時，我們就想到體積或形相。因爲我們常說一個物體占據了另一個物體的位置（雖然它們兩個的形相或體積不一定恰恰相等），可是我們並不因此就承認一個物體和另一個物體占著同一的空間。在位置變化時，雖然仍有以前一樣的體積和形相，我們也說場所有了變化。因此，當我們說一件事物是「在」一個特殊的場所中存在時，我們的意思只是說，它對一些別的物體來說占有某種確定的位置。我們如果再說，它「占」著那樣一個空間或場所，則我們的意思代表著，除了那個位置以外，它那種確定的體積和形相正足以使它恰好充滿那段空間。

15 外在的場所如何可以正確地認爲是周圍物體的表層？

由此可見，我們的確從來不把空間和長、寬、高三方面的廣延性加以區分。我們只是有時以爲場所是在事物以內的，有時以爲它是在事物以外的。內在的場所和空間是全無差異的，不過外在的場所可以認爲是直接圍繞著那個占場所的事物的表層。不過我們必須聲明，此處所謂表層，並不是指周圍物體的任何部分而言，只是指能圍繞的物體和被圍繞的物體間的界限而言，而這種界限又只是一種情狀。若不如此說，至少我們也是說的一般的表層，它不是或此或彼的物體的一部分，而且它只要保持同樣的體積和形相，我們就總認爲它是前後同一的。因爲，雖然整個周圍的物體和它的表層改變了，可是被圍繞的那個物體，如果同別的被認爲不動的事物仍保持同一的位置，我們就不能假設那個物體也因此改變了它的場所。例如：我們如果假設，一艘船被川流朝一個方向沖走，同時又被風以相等的力量推向相反的一個方向，因而它對兩岸的位置都沒有改變。則圍繞它的全部表層雖然不斷地在變動，可是我們仍然承認它留在原來的場所。

16 要說有一個絕對無物體的虛空或空間，那是反乎理性的。

說到哲學上所謂虛空，即無實體的空間，則這種東西顯然並不存在，因爲空間的或內在場所的廣延性，和物體的廣延性並不互相差異。我們所以斷言物體是一個實體，只是因爲物體有長、寬、高三方面的廣延性（要說虛無可以占有廣延性、那是矛盾的），因此，我們就可以對假設的虛空形成一個相似的推論說，那個虛空中既有廣延性，則它也必然包含一個實體。

17 虛空一詞的通常含義，並不排除一切物體。

說實在話，虛空這一名詞的通用意義並不是指一個絕對沒有任何事物的場所或空間，而是指一個場所，那裡沒有我假設爲應有的那些東西。就如人造水瓶既然是爲了盛水，所以在它只充滿空氣時，我們就說它是空的。又如魚池中沒有魚時，雖貯滿水量，我們也說其中沒有東西。又如一艘船，如果沒有運載原來計劃要運輸的商品，而只載著沙，使船能夠抵抗狂風的暴力，則我們也說它是空的。最後，當空間沒有包含可感知的事物時，我們也在同樣意義下，說它是虛的，顯然它仍然含著被創造的、獨立自存的物質。我們所以有這些說法，乃是因爲周圍的物體如果不在我們的感官印上強而有力的印象，使我們知覺到它們，我們便不常加以思考。但是，我們如果不記得虛空和虛無兩詞的本義如何，而且後來還假設說，所謂虛空的那個空間，不但不含可感知的對象，而且根本就不含任何對象，那我們就錯誤了。這種錯誤正如我們因爲一個水瓶裡只有空氣，就說它是空的，並因而判斷其中所含的空氣不是實體一樣。

18 人們所偏執的這個絕對虛空的偏見如何可以改正？

我們幾乎所有的人從幼年起就陷於這個錯誤，因爲，我們看到一個器皿與其所含的物體並無必然的聯繫，我們就以爲上帝至少能夠從器皿中把其中所含的物體移去，而且在移去以後，別的物體未必一定來代替那個被移去的物體。不過現在爲了改正這個妄見，我們必須說，一個器皿與其含的特殊物體雖然實際上並無必然的聯繫，可是器皿的那個凹形和那一般認爲空間中一定包含的廣延性，卻有一種必然的聯繫。因此，我們如果拋開那個空間中所含的廣延性，而單獨設想那個空間；或者拋開一個有廣延性的實體，而只設想這個廣延性，那就如同我們拋開山谷而只設想一座山一樣，顯然是矛盾的。因爲我們曾說過，沒有東西，便沒有廣延性。因此，人們如果要問，上帝在把一個器皿中所含的物體全都移去以後，如果不再使別的物體塡其地位，將發生什麼現象？那麼我們必須答覆說，要是如此，則器皿的各邊都該黏合在一塊。因爲兩個物體之間，如果沒有東西，則它們必然互相接觸；而且要說兩個物體會互相隔離，那就是說，會有一種距離，而且那種距離又只是虛無，乃是一種明顯的矛盾。因爲一切距離都是廣延性的一種情狀，而且離開有廣延性的實體，它是不會存在的。

19 這種說法正可以證實我們前述關於稀化作用所說的那些話。

我們既然說過，物質實體的本性只在於它是一種有廣延性的事物，而且它的廣延性也並不異於我們諉諸空間（縱然是虛空的）的廣延性，因此，我們就容易發現：它的任何部分，在任何時侯，由任何途徑，所占的空間都不能前後有大小的差異，而且它們的稀化作用也只能由上述的途徑來進行。此外，我們還容易看到，一個器皿在包含鉛或金或任何堅重的東西時，其中所含的物質或物體也並不增加，而在它只含有空氣並被人假設爲虛空時，它所含的物質或物體也並不減少。因爲一個物體所含的各部分的數量，並不依靠它們的重量或硬度，只依靠所謂廣延性，而廣延性在同一器皿中是永遠相等的。

20

由此我們也可以解證出原子的不存在來。

我們還發現出，宇宙中並不能有天然不可分的原子或物質部分存在。因爲我們不論假設這些部分如何之小，它們既然一定是有廣延性的，我們就永遠能在思想中把任何一部分分爲兩個或較多的更小部分，並可因此承認它們的可分割性。因爲任何事物，只要我們能在思想中把它分開，我們總還可以承認它是可分割的。因此，我們如果認爲它是不可分的，我們對此事物的判斷就和我們對此事物的知識不相調和了。我們縱然假設，上帝已把任何物質分子弄到極小的地步，因而不容再行分割，可是我們也不能因此就說它是不可分的，因爲，雖然上帝已把這個分子弄得極小，致使任何被造物都不能把它再往下分，可是上帝並不會剝奪自己這種能力，因爲祂絕不可能減低自己的全能（如我們以前所說）。因此，確實地說來，最小的有廣延性的分子永遠是可分的，因爲它的本性原來就是如此。我們還解證出，世界的廣延性是無定量的。

21

其次我們還發現出，這個世界或物質實體的全部，其廣延性是無有界限的，因爲不論我們在什麼地方立一個界限，我們不只可以想像在此界限以外還有廣延性無定的許多空間，而且我們看到，那些空間是眞正可以想像的，也就是說，事實上正如我們所想像它們的那樣。因此，它們所含的有物質實體的廣延性也是無定限的，因爲我們在之前已經詳述過，在任何空間方面，我們所設想到的廣延性觀念和物質實體的觀念，分明是同一的。

22

由此我們也就推斷說，天上和地下的物質都是一樣的，而且世界不是多元的。

由此種種，我們也就可以推斷說，地和天是由同一物質構成的；而且縱然有無數世界，它們也都是由這種物質構成的。由此，就得出一個結論，即多重的世界是不可能的，因爲我們明白設想到這些別的世界所占的一切可以想像的空間（它們只能在這些空間中存在），都爲物質所占據，而且物質的本性就在於它是一個有廣延性的實體，同時，我們在自身也發現不了對於任何別的物質的觀念。

物質的全部花樣，或其形式的多樣性，都依靠於運動。

23 因此，全宇宙中只有一種物質，而我們所以知道這一點，只是因爲它是有廣延性的。在物質方面，我們所能清晰地知覺到的一切特性，都可以溯源於它能夠依其各部分被分割、被運動。因此，我們所知覺爲由物質各部分的運動發生的那些性質，都是物質本身所能有的。因爲我們在思想中把物質加以分割，並不使物質稍有變化——它的一切花樣或形式的多樣性乃是依靠運動的。許多哲學家甚至也似乎普遍地看到這一點，因爲他們說，自然是運動和靜止的原則，而他們所謂自然，也正是指一切物質事物成爲經驗中所見的那樣時所依賴的東西。

24 普通含義下的運動是什麼樣的？

不過所謂運動，據其通常意義而言，乃是指一個**物體由此地到彼地的動作**而言（我此處所謂運動乃是指位置的運動而言，因爲我想不到有別種運動，因此，我覺得我們也不應該假設自然中有別的運動）。我們前面已經說過，同一事物在同時也可以說變了場所，也可以說不變場所，同樣我們也可以說，一件事物在同時是被運動的，又是不被運動的。例如：一個人坐在啟航的船上，他如果只注意他所離開的岸，並且把它看做是靜止的，則他可以認爲自己是在運動的。但是他如果只注意船本身，則他可以認爲自己是不動的，因爲他在船的各部分間總是保持同樣的位置。再其次，我們既然慣於假設，離開動作就無運動，並且在靜止中動作就停止了，因此，那樣坐著的一個人，正可以說是靜止的，而不當說是運動的，因爲他自己意識不到他是在運動。

25 運動的眞義。

不過，如果我們拋開那些全無根據的（除非在普通用法中）說法，希望按照事物的眞相，來了解我們對於運動一詞所應該知道的內容，那麼，爲了要給它一個確定的本性，我們可以說，所謂運動，乃是一**個物質部分（或物體）由其緊相鄰接的物體（或我們認爲靜止的物體），移近於別的物體**的意思。我所謂物體（或物質的一部分），乃是指被轉移的事物的全部而言——在這個全體中也許含著幾個部分，它們自身有別種運動。不過我所以說運動是指那轉移過程，不是指那能轉移的力量或動作，目的在於表明，運動是永遠在可動的事物中的，不是在能發動的事物中的。而我所以如此分別，乃是因爲在我看來，我們並不習慣於把這兩種東西加以十分精確的區分。此外，我還可以說，運動乃是可動的事物的一種情狀，並不是一種實體，就如形相是有形相的事物的一種特性，安歇是靜止事物的一種情狀。

第三章　論可見的世界

我們無論怎樣重視上帝的工作也不為過。

1
我們已經探究了物質事物的一些原理，這些原理我們是憑理性的知覺而不是憑感官的偏見追求到的。它們十分明白，使我們不能懷疑其眞實，因此我們餘下的工作，就是來考察我們是否單由這些原理，便可以演繹出對自然中一切現象的說明。我們現在將開始研究那些普遍性最大的現象——別的事物所依靠的現象，例如：先開始研究全部可見世界的一般結構。不過想要在這方面求得正確的推論，我們必須先注意兩件事。第一就是，我們應該永遠記得，上帝的能力和德行都是無限的，而且我們不要害怕自己由於想像上帝的作品太偉大、太美麗、太完美，就會陷於錯誤。相反地，我們應該小心行事，免得對自己所不確知的作品假設一些限制，因而對上帝的權力不能表示應有的讚揚。

2
我們應該留神，不要自以為是，認為自己明瞭上帝創世的本旨。

第二點就是，我們留心不要太過自負。我們既不曾根據自然的理性或神聖的啟示，確信世界有界限存在，則我們如果以為自己的思想力可以超出於上帝實際所造的事物以外，而給世界立了一些界限，那就似乎太自負了。我們如果以為上帝創造一切事物是專門爲了我們，或者以爲只是我們的智力才能了解上帝創世時所懷的本旨，那就更太過自負了。

3

在何種意義下，我們可以說，萬物是爲人而創造的？

在道德學方面，我們如果相信，上帝是爲我們創造萬物的，則這種思想可以是一種虔敬的思想，因爲這種思想可以刺激起我們對祂的敬愛和感激心。這種思想自然有幾分是眞的，因爲任何被創造的事物，我們都可以加以利用（所謂利用，只是指考察事物時我們可以運用自己的心思，並因萬物俱備而敬崇上帝），不過我們仍然不能說，上帝創造萬物只是爲了我們，並無其他目的。這種假設在物理的推論方面顯然是可笑的、不適當的，因爲我們知道，有許多現在存在的事物，或曾經存在而今絕滅了的事物，是不曾爲人所見所知，是不曾爲人利用過。

第四章　地球

1 從關於動物和人方面的研究，我們可以借鑑什麼以促進我們在物質事物方面的知識？

我要實行原來的計畫，在這部《哲學原理》中寫出第五和第六兩章來，一以論究有生命的動植物，一以論究人，那我就不會在這第四章裡再增加什麼篇幅。不過關於我原想在這最後兩章所要論述的這些事物，我既不曾得到充分的知識，也不知道自己將來是否有閒暇可以來完成這些研究，因此，我決定在這第四章中關於感官對象附論一些事物。這樣一來，我就可以不致由於後幾章的緣故而把前幾章的發表日期耽誤太久。不過我既然出版本作品，我就把後幾章中所需要的說明提前在這裡略加敘述。之所以不得不如此，乃是因爲我一向形容這個地球，和這整個可見的世界，彷彿它只是一架機器，其中除了它各部分的形相和運動之外，沒有什麼東西可以考察似的；實則除此以外我們的感官還給我們呈現出許多別的事物，例如顏色、嗅味、聲音等等，關於這些事物我如果完全略而不提，人們就會以爲我疏於解釋自然中大多數的事物。

2 什麼是知覺？我們是如何知覺的？

我們必須知道，人的靈魂雖與全身結合著，可是它的主要位置仍在腦部；

只有在腦部，它才能夠進行理解、想像，而且還進行知覺活動。它的知覺是藉神經爲媒介的，至於神經，則如一套線索似的由腦部遍布於身體其他一切部分。這些部分和神經連合得異常密切，因此，我們無論觸到任何部分，難免會刺激那裡的一些神經末端。這種運動又傳達到那些以靈魂總座爲樞紐的各種神經的末端，如我在〈折光學〉第四章中已經詳釋的那樣。由神經在腦中這樣刺激起來的這些運動，又按照運動本身的多樣性，在各種途徑下影響與腦密切相連的那個靈魂或心。這些運動在心中直接引起的各種感受或思想，就叫作感官知覺，也就是所謂感覺。

3

論各種感覺的區分。首先論內在的感覺，也就是人心的感受（情感）和自然的嗜欲。

這許多種感覺，第一依靠各種神經自身的差別，第二依靠每種神經中運動的差別。不過我們沒有像神經那麼多的感覺，我們只能發現出七種主要的神經，其中有兩種是屬於內在感覺的，五種是屬於外在感覺的。在胃、食道、咽喉和別的服務於我們自然欲望的那些內在部分方面，那些滿布的神經組成一類內在的感覺，這種感覺叫做自然的嗜欲。至於另一種內在的感覺，則包括人心的一切情緒、情感和情欲，如喜、憂、愛、憎等；這些感覺所依靠的神經，都遍布於心臟和心臟的附近，是極其細微的。舉例來說，如果血液純淨，因而它在心臟中比在平常擴張得較爲敏捷有力，則這種血液可以擴大並刺激各脈口上所遍布的那些細微神經，因此，在腦中也就產生一種相應的運動，使人心產生一種自然的愉快感情。這些神經只要在同一方式下運動，則這種運動雖是由別的原因引起的，也可以在我們心中刺激起同樣感情來，就如我們在想像自己享受一種幸福時，這種想像本身雖然並不包含愉快的感情，可是它卻使血氣由腦中進到這些神經所在的筋肉中。到了那裡，再把心臟中的脈孔擴張以後，它就使這些細微神經在自然途徑下運動起來，因而產生愉快的感情。因此，我們在接到新訊息時，心中便首先下判斷，如果是好消息，它就會發生理智的愉快，這種愉快是不受身體的任何情緒所影響的，而且斯多葛學者們雖然認爲他們的哲人沒有一切情感，他們也承認他應當有這種愉快。但是這種愉快在由理解進到想像之後，則血氣會由腦中流到心臟附近的筋肉中，並且在那裡刺激細微神經的運動，由此腦中就產生另一種運動，這種運動又使人心感覺到一種肉體的愉快。根據同樣原則，血液如果很濃稠，使它不能暢流於心室中，並且不能在那裡充分膨脹開，它就在同一神經中刺激起與前者截然不同的一種運動來。這種運動在傳到腦中之後，就使人心產生悲哀的感覺，雖然人心本身在這種情形下，也許並不知道它所以悲哀的原因。其他一切原因，只要是同樣地刺激這些神經，都可以使人心產生同樣感覺。不過同一神經的其他運動又可以產生別種結果，如：愛、憎、懼、怒等等。這些結果都只是人心的一些感情或感受，都只是人心的一些紛亂思想，它們不是單由人心本身產生的，乃是因身心密切聯合來的，而心的印象是由身體來的。這些情感和我們對於應愛、應選、應避的種種事物所具有的清晰思想，是大有差別的，只是我們常見它們混在一起罷了。至於天然的嗜欲，如：飢、渴等，也是由胃、食道和咽喉等等的神經在心中所生起的，它們和我們要吃、要喝、要做各種事情來維持身體等等的意志，是完全不同的。不過因爲這種意志或欲望幾乎永遠和它們混在一塊，因此它們也叫做嗜欲。

4　論外在的感覺：先論觸覺。

我們通常認爲外在的感覺共有五種，因爲能感動神經及其器官的各種對象也有五種，而且這些運動在心靈中所引起的紛亂思想也共有五種。第一點，分布於全身皮層的那些神經，可以被任何物質的對象透過皮層加以刺激；由一種途徑能被它們的硬度所刺激，由第二種途徑能被它們的重力所刺激，由第三種途徑又能被它們的熱力所刺激，由第四種途徑又能被它們的溼度所刺激，如此類推。這些神經有時可以照平常途徑來運動，有時被阻撓不能進行其平常運動，因此，它們會發生各種情狀，這些情狀有多少樣，則心中也刺激起多少樣的感覺來，而與此數目相等的觸覺的性質便由此獲得它們的名稱。此外，這些神經如果運動得比平常稍微有力一點，但不至於損及身體，我們就又產生發癢的感覺，這種感覺天生使人心感到舒服，因爲這就向它表示出和它聯合的那個身體的各種力量（因爲身體在受了能引起這種癢的感覺的動作以後，竟未受傷）。但是這種動作如果很強，足以損傷身體，這就給予人心一種痛苦的感覺。因此，我們就看到，肉體的快樂和痛苦，雖然是一些十分相反的感覺，卻往往由多半相似的原因產生。

論味覺。

第二點，分布於舌頭及其附近部分的其他神經，也被同樣幾種物體的各分子在各種途徑下所刺激。這些分子各自分離，浮游於口腔的津液中，因而就按照各自的形相的差別產生不同滋味的感覺來。

6

論嗅覺。

第三點，還有兩條神經或腦的附屬物〈因爲它們根本出不了腦殼的界限以外〉，也被空氣中所浮游的、分離的物體分子所刺激。不過並不是說一切分子都可以刺激它們，因爲各種分子要想刺激它們，必須是細微的，而且在吸入鼻孔以後，還要能穿入所謂海綿體的骨孔中，到達於神經。從這些分子的各種不同的運動，就產生各種不同的嗅覺來。

7

論聽覺。

第四點，耳中有兩條神經，附著於互相支撐的三塊小骨上。這三塊小骨中第一塊依於一片薄膜上，這個薄膜又罩著所謂鼓室的那個空穴。因此，周圍空氣傳於這個薄膜上的各種顫動，便可以由這兩條神經傳到心中。這些顫動又依其差別產生各種聲音的感覺來。

8

論視覺。

最後，視神經的許多末端形成了眼的外膜，就是所謂視網膜。這些末端並不是被空氣或地上的對象所刺激的，乃是被產生光和色的感覺的第二種元素的微粒所刺激的，這一點我已在〈折光學〉和〈氣象學〉中充分闡明過。

9 論心靈只能在腦中發生知覺。

不過我們已經明白，心靈從事知覺，並不在於身體的各部分，只是在於腦中，因爲外界各種物體在刺激了神經所在的身體的各部分以後，其所產生的各種動作都藉神經的運動傳到腦中。第一個證明，我們知道有許多疾病雖然只影響腦部，可是它們也會使各種感官失調，或者使它們完全失其作用。就如睡眠雖然只影響腦部，可是在每日大部分時間中，它會使我們失去知覺能力，而後來在覺醒狀態下，這種能力才又恢復過來。第二個證明就是，腦中或外面感官所控制的肢體中，縱然沒有疾病，可是由腦擴及肢體的那些神經的運動，在腦和各肢體中間的全程的任何一部分如果受到阻塞，則那些神經所分布的那一部分的身體，也可以不生感覺。第三個證明就是，我們雖然有時在身體的某些部分感到痛苦，可是這種痛苦的原因也許不在我們感痛的那些部分，而是在腦的附近，而且那些神經只是透過頭腦才給人心產生痛苦的感覺。我本可以用許多實驗來證明這種事實，不過我在這裡只提到一種。一個女子手部生了惡瘡，她在醫生來診治時總把眼蒙住，因爲她不敢看包紮傷口時的情形。後來壞疽逐漸蔓延，過了幾日，她的手臂被齊肘割斷（她不知道），他們用麻布繃帶一層一層裹起來，代替割去的那個下臂，因此，她曾有一段時間不知道已經動了手術，同時她不斷叫痛，有時說在她那被割去的手的一個手指上，有時說在另一個手指上。這個現象的唯一的解釋是，以前由腦部下布到手上的那些神經，現在雖然只達到肘部附近的那一部分，可是它們現在的運動，也正和以前在手上時的運動一樣，也仍足以照以前的樣子，把這個手指或那個手指的痛覺，傳於寓在腦中的心裡。這就分明指出，手部痛覺之爲人心所知覺，不是因爲它在手上，乃是因爲它在腦中。據人心的本性而言，只有物體的運動才能在其中刺激起各種感覺來。

其次，我們還可以證明，按人心的本性而言，只有物體的各種運動才能在人心中刺激起各種思想來，而這些思想並不一定在任何方面和產生它們的運動相似，而且，這些運動還能在人心中刺激起所謂感覺的那些紛亂的思想來。因爲我們見到，各種語句不論發爲聲音或者書寫出來，都在我們心中刺激起種種思想和情緒。在同一張紙上，用同樣的筆墨，只要我們以某種方式把筆尖在紙上揮動一下，就能寫出一些文字，在讀者心中生起交戰、騷動、忿怒等等反應，以及憤恨、悲痛種種情感。但若是我們把筆尖在略有分別的另一種方式下揮動一下，這種微小的變化就可以造成與以上相反的各種思想，如平靜、和平、愉快等反應，以及完全相反的愛戀和歡樂等情感。有人或者會反對，說寫字和說話在人心中並不直接刺激起感情來，也不能使我們想像到那種異於文字和聲音的東西。它們只使我們認知這些文字和聲音，而人心在藉此了解了這些文字的意義以後，才在其自身刺激下，產生與這些文字相應的一些想像和情感來。不過人們關於痛覺和癢覺怎麼說呢？刀割皮膚時的運動只能產生痛的感覺，並不因此使我們覺察刀的運動或形相，而且這種痛的感覺異於引起它的那種運動，異於受刀割的那個身體部分的運動，也像我們對色、聲、香、味等等的感覺之異於那些運動一樣。根據這一點，我們可以斷言，按人心的本性講，單單是某些物體的運動也能很容易地在心中產生別的感覺來，正如刀的運動能使心中產生痛苦的感覺一樣。

11

我們藉感官在外界對象方面所知道的，不外乎形相（或位置）、體積和運動。

此外，我們在各種神經方面，也看不出什麼差別，使我們可以斷定，各個神經乃是從外面的感覺器官給腦部傳來各不相同的種種事物。我們也不能說，除了這些神經本身的局部運動外，還有別的東西達到腦部。我們還看到，單是局部運動不但使我們產生癢覺和痛覺，而且產生光覺和音覺。因爲，如果我們眼睛所受的刺激很強，足以使產生的顫動達到視網膜，我們就看到許多火花，實則它們並不在我們眼外。我們如果用手指把耳塞住，我們就聽到嗡嗡的聲音，而其原因又只在於耳中因空氣受阻產生的運動。最後我們還常見，熱度（硬度、重量）、其他可感的性質（就其在物象中而言），以及純粹是物質的那些對象的形式（例如火的形式），其所以發生於各種物體中，也只是由於別的某些物體的運動，而這些物體在別的物體中產生出別的運動來。我們很容易設想，一個物體的運動如何可以被另一個物體的運動所引起，並且因其各部分的大小、形相和位置而有所變化，但是我們卻完全不能設想，這些同樣的東西（即大小、形相和運動）如何能產生出完全異於它們自身的一些東西來，例如許多哲學家認爲存在於物體中的那些實體的形式和實在的性質。我們也不能設想，這些性質或形式如何會有力量，在別的物體中運動。不過我們既然根據我們心靈的本性知道物體的各種不同的運動足以在其中產生它所具有的各種感覺，我們又據經驗知道，它的某些感覺實際是由這些運動造成的，而且除了這些運動以外，我們又無法發現有任何東西由外面的感覺器官進入腦中，因此，我們就有理由斷言，在各種外物方面，我們只能把我們所謂光、色、味、香、聲、熱、冷，以及別的可觸的性質，或我們所謂物體的實體的形式等等，了解爲能在各種途徑下觸動我們神經的這些對象的不同的配置。

12 自然界任何現象的解釋在這篇論文中都不曾省略。

在輕而易舉地列舉了各種現象之後，我們就可以推斷說，在這部作品中，我們不曾省略掉任何一種自然現象的解釋。因爲超過感官的知覺以外，任何事物都不能認爲是自然的現象。但是除了物質各部分的運動、體積、形相和每一物體各部分的位置（這些我認爲是在物體中的），我們憑感官所知覺的，只有光、色、香、味、聲，以及別的可觸的性質，而這些性質，我最近又曾指出（至少據我們所知的，我可以如此說），只是各種對象的一些配置，只是它們各部分的體積、形相和運動。

13 本作品所包括的原理沒有不是公認的，並且這種哲學不是新的，而是最古老、最通俗的一種哲學。

我還可提到一點，就是我在這裡雖然已努力解釋了物質事物的全部本性，可是我所應用的原理無一不是爲亞里斯多德和歷代哲學家所接受、所贊同的。因此，我這個哲學不但不是新的，而且是在一切流派的哲學中最古老、最通俗的。因爲實際上我只思考了各種物體的形相、運動和體積，並且根據日常經驗所證實的機械的原則。考察了它們互相結合後所應有的結果。不過沒有人曾經懷疑過，各種物體是被動的，它們的各種運動是按照它們的各種形相和大小而變化的，而且在相撞以後，原來較大的物體會分成許多較小的，因而改變其形相。我們不只憑單一種感覺體驗到這種說法的眞實，而是憑多數感覺如：觸覺、視覺和聽覺體驗到的：我們還清晰地想像到它、理解了它。不過這種說法不能適用於感官所知覺的任何別的事物，如：顏色、聲音等等。因爲這些性質只各自刺激一種感官，只能在我們的想像上印上它自己的一種紛亂的影像，並不使我們的理解能清晰地知道它是什麼。

14 可感的物體是由不可覺察的分子合成的。

我承認在每一物體中有許多分子不是爲任何感官所能知覺的，不過人們如果以爲感官是一切可知物的尺度，則他們或許會不贊同這種說法。但是我們如果假設，人類理性不能超出視覺以外，那我覺得我們是太貶抑人類的理性了。因爲，人們只要思考一下逐漸增長的物體時時增加的東西，以及逐漸減少的物體時時失去的東西，那就沒有人能夠懷疑有許多物體是小得不能爲任何感官所察覺的。一棵樹是日日生長的，我們如果不設想有某種物體加在它身上，我們就不能設想它如何會變得比以前大了些。但是誰曾用感官察覺到一棵成長中的樹在一日中所增加的微小體積呢？在哲學家方面，至少那些主張數量可以無限分割的人們，應當承認，在分割之後，各部分會變得很小，以致完全不能爲人所察覺。不過我們不必驚異，我們何以不能察覺最小的物體；因爲受了物體的刺激而產生知覺的那些神經，其本身並不是最小的，它們只像一些細繩，是由一條較細的纖維組成的，因此，極小的物體便不足以刺激它們。這些渺小物體之所以不可覺察，只是因爲它們太小，因此，我們在判斷它們時，只應以我們在可見現象方面所見的事實來類推，並且由此來解釋宇宙中一切現象（就如我在這部作品中所試圖解釋的那樣）。因此，我們不應當在解釋這些事物時，杜撰一些莫名其妙的新奇事物，如元質（first matter）、實體的形式（sudstantial forms），以及許多人所愛假設的許多性質。因爲這些性質和我們所實在察覺的事物並無關係，而且它們本身比它們所要解釋的那些事物還要難懂。我想，任何人只要能運用自己的理性，他就會承認，前一種推理途徑，比後一種較爲接近眞理。

15 德莫克利特斯（Democritus）的哲學，不但和普通哲學不同，而且也和我們的不同。

人們或者會說，德莫克利特斯亦假設有一些原子，形相不同、大小各異、運動互異，而且以爲它們在堆積一起並互相配合以後，便產生一切可感的物體，可是他的推理方法是一般所排斥的。我可以答覆說，德莫克利特斯的哲學之所以被人排斥，並非因爲他承認有比我們所察覺的物體還要小的物體存在，並非因爲他承認它們有不同的大小、形相和運動，因爲任何人都並不懷疑實在有這些東西（如我們所說的那樣）存在。人們所以排斥那種哲學，第一是因爲他假設這些原子是不可分的，而根據這一點我也同樣加以排斥。第二乃是因爲他想像在原子周圍有一個虛空，而我又指出這是不可能。第三乃是因爲他認爲這些物體有重量，但在我看來，一個物體單獨被思考時，並無所謂重量，因爲重量乃是依靠各種物體的相對運動關係和位置關係的一種性質。最後，又因爲他不曾特別解釋，一切事物如何只由原子的匯合而來，而且他縱然解釋過少數事物的原因，他的全部推論也絕不是首尾一貫的，也不能保證我們可以把同樣的解釋應用於整個自然界而無錯誤。如果我們可以根據他流傳至今的作品來判斷他的意見，那麼這至少是我們對他的哲學所加的判決。至於我所宣揚的哲學是否首尾一貫，我們是否可以根據它的原理演繹出必要數目的理論來，那就只有讓別人來決定了。關於形相、體積和運動的考察，雖然被亞里斯多德和其他諸人所承認，又被德莫克利特斯所承認，可是我不但排斥了前者的一般假設，而且也排斥了後者的一切假設（除了這種考察），因此，我的學說不但分明和其他學派不相似，即和德莫克利特斯的學派也不相似。

16

我們如何能知道物體中各不可覺察的部分的形相、體積和運動？

不過，我既然一方面認爲物體中不可覺察的分子具有確定的形相、體積和運動，彷彿我曾見過它們一樣，而在另一方面，卻又承認它們不爲感官所察覺，因此，有人或許會問，我是如何知道它們的？對於這個問題我的答覆是，我首先概括地考察了在我們理解中存在的一切關於物質事物之明白而清晰的意念，結果我只看到有形相、體積和運動三種意念，以及這三種互相變化的一些規則（這些規則就是幾何和機械學的原則），因此，我判斷人類對自然的知識，必然都是由這個根源得來的。因爲我們對可感事物的其餘意念都是紛亂、混亂的，並不能幫助我們認知外界任何事物，反而足以妨礙我們獲取這種知識。因此，我就以自然在我們心中所灌輸的最簡單、最易明白認識到的原理作爲我的推論根據，並且考究那些由於微小而不可得見的物體的體積、形相和運動之間可能會有什麼主要的差異，而且在它們以各種方式發生接觸時，會產生出什麼明顯的結果。後來，我看到在我們憑感官而知覺的物體方面也有同樣的結果，因此，我就判斷，它們只能由這種途徑產生，尤其是因爲我們想不出別的解釋它們的方法，所以我們更不能不如此說。在這問題上，由人工所造的一切物體對我很有幫助。因爲我們在人造的物體和自然的物體之間只承認一種差異，就是機械的結果大部分依靠某些工具的作用，這些工具因爲要和製造它們的那些手成比例，因此，它們總是很大，以致它們的形相和運動都能爲人所見，至於自然物體的結果則幾乎永遠依靠某些小得難以察覺的器官。我們分明知道，機械學的一切規則都是屬於物理學的，它們只是物理學的一部分或一種，因此，一切人工的事物也同時是自然的。因爲由一定數目的輪子所構成的鐘錶，其標時作用是很自然的，正如一棵樹由某一粒種子生出後，結下特定種類的果實，是一樣自然的。熟悉自動機械的那些人，在知道了一架機器的用途，並看到其各部分以後，就容易由此推斷出別的未經見過的機械的製造法，因此，我在考察了自然物體的明顯可感的部分和結果以後，我也就試著來確定它們的原因和不可覺察部分的特徵。

17

關於我們感官所不能知覺的那些事物，我們只需要解釋它們如何能夠存在就行，而亞里斯多德所試探的，亦只限於此。

不過在這裡有人也許會答覆說，雖然我假設了可以產生一切自然物體的原因，我們並不應該因此就斷言，它們是由這些原因所產生的；因爲，一個匠人所做的兩塊錶，雖然都一樣正確地指示時間，雖然外表都一樣，可是它們的齒輪的構造，也許會全然各異。因此，崇高的造物者亦有無數方法供其應用，祂隨便用一種方法，就可以造成世界上一切現象，如我們所見的那樣，不過人心卻不可能知道，祂究竟選用了那一種方法。這一點，我是可以完全承認的。不過我相信，我所指出的各種原因，其結果既然和自然中一切現象都確相符合，那麼我雖然沒有斷定它們確實是由這些或那些原因產生的，我也就把自己應盡的職責做到了。爲了日常生活之用，我們只要知道所想像的這些原因，也就夠了，因爲醫學、機械學以及以物理學爲基礎的一切藝術，都只以那些可感的結果爲目的，都只在於使一些可感的物體互相結合，使它們在一長串自然的原因中，產生出一些可感的結果來。既然如此，則我們只假設這樣所想像的一串原因爲眞的（雖是假的），也就足以濟事，因爲我們假設這一串原因和可感的結果方面的那一串原因是相似的。人們或者會假設，亞里斯多德所做的或自誇所做的要比這個多，不過這層假設是不對的。他們應該記住亞氏在其《氣象學》第一卷第七章開始時所說的話：他曾經說過，關於那些不爲感官所知覺的事物，他只要指示出它們可以照他那樣來解釋，那他就以爲自己已經提供出最充分的理由和解證了。就概然性方面立論，我們也可以確知，這個世界上的一切事物，也正如這裡所指出的那樣。

18

但是我們如果假設眞理沒有它在實際上那樣確定，則我們正枉屈了眞理，爲了避免這種情況，我將在這裡辨別兩種確實性。第一就是所謂概然的確實性，這種確實性足以供日常生活之用——縱然就上帝的絕對權力方面而言，概然的確實性也許是虛妄的，就如凡是從來沒有到過羅馬的人，都不懷疑它是義大利的一個城市，實則傳布這個消息的人們，也許都是受了騙的。又如一些拉丁文字不按平常的字母次序寫出來，則一個人如果想猜測其中的字母，他或者會把A猜爲B，B猜爲C，如此一直下去，把字母表中後一個字母來代表前一個字母。他如果藉這種方法，看到有一些拉丁文字可以由這些猜出的字母組成，他就會相信，所寫出的東西的眞正意義是包含在這些文字中的。他之所以發現這一點，也許只是由於猜想，而且寫的人也可能不曾按字母表的次序來排列這些字母，而只按別的次序來排列它們，因而其中隱藏著別的意義。可是這一點不是必然的，因而似乎是不可靠的，尤其在密碼中包含著一大堆文字時，更是如此。人們既然看到關於磁力、火以及全部世界的結構，許多道理如何由極少數的原理推演出來，那麼縱然他們以為這些原理只是信手拈來，並無根據，他們也許會承認：這些原理如果是虛妄的，那麼許多事情就不會互相符合。

19

我們對於這一點還有超於概然確實性的確信。

此外，即使在自然的事物當中，也有一些事物是絕對確實的。絕對確實性之所以產生，乃是因為我們判斷出一件事物不能不如我們所想像的那樣。這種確實性乃是建立在形上學基礎上的，也就是說，上帝既是至善的，而且是一切眞理的來源，因此，祂給我們那種分辨眞僞的官能，就一定不能是錯誤的——只要我們能正確地運用它，並用它清晰地了解一切事物。屬於這一類的，是數學的解證，認為物質事物必然存在的知識，以及關於它們的一些明白的推論。我在這部作品中所舉出的那些結果，也許可以歸在絕對確實的那一類眞理中，倘使人們考慮到，它們是由最原始、最基本的人類知識原理，在前後相接的系列中推演出來的；尤其是，如果我們充分理解，除非外界對象在我們神經中引起某種局部運動，我們便不能察覺它們，而且極遠的恆星，除非在那些星星中以及界於它們與我們之間的天空中也有運動產生，則它們便不能引起這樣的運動。因為，人們只要承認這幾點，則我關於地球或世界所提出的別的一切原理（至少那些比較一般的原理），例如天體流動說等，幾乎都可以認為是它們所呈現的現象的唯一可能的解釋。

20

不過我仍願讓教會的權威來判斷我的一切意見。

但是為了避免太過自信起見，我不敢確說任何事物，我只願把我的一切意見求救於教會的權威和大哲的判斷。除非人們被理性的力量和證據逼得非承認不可，我希望他們不要輕易相信我所說的話。

笛卡兒年表

René Descartes, 1596～1650

年分	歲數	事件
一五九六		三月三十一日，勒內·笛卡兒（René Descartes）誕生於法國都蘭省（Touraine，今劃分為安德爾－羅亞爾省等）艾葉鎮（La Haye，今名「笛卡兒鎮」）。祖父是醫生，父親若亞欣·笛卡兒（Joachim Descartes）是當地高等法院律師和議會議員。
一五九七	一歲	五月十三日，母親秀妮·白樂霞（Jeanne Brochard）因肺病去世（一說難產）。父親將笛卡兒和一兄、一姊寄養外婆家，由外婆和另一位保母撫養長大。因體弱多病，故或有勒內（René，再生）之名。
一六〇〇	四歲	父親再婚。仍居外婆家。
一六〇六	十歲	就讀耶穌會弗萊士（La Flèche）公學。校長是家庭朋友，特許他每天早上睡到十一點（其餘學生得五點起床，參加晨禱），這後來變成他終生的習慣。在校八年，學習古典文學、數學、修辭學、邏輯、亞里斯多德哲學等。自認除數學外，並未獲得任何確切有用的知識。
一六一四	十八歲	弗萊士公學畢業，奉父命，進入臨近的普瓦捷（Poitiers）大學。
一六一六	二十歲	大學畢業，獲法學學士學位，並取得律師執照。這期間前後，除讀書外，學習騎馬、鬥劍和舞蹈。
一六一八	二十二歲	不願從事法律工作，去荷蘭從軍，任莫里斯親王（Maurice of Nassau）隨軍顧問兼土木工程師。因不支薪俸，仍維持自己特

		有的生活習慣。居留布雷達（Breda），邂逅荷蘭數學家、科學家比克曼（Issac Beeckman，一五八八～一六三七），受其鼓勵，開始潛心於數學和物理學的研究。是年著《音樂大全》一書，論生理與心理在音樂中呈現的現象（當時音樂屬於應用數學的範疇），獻給比克曼，作為新年禮物。
一六一九	二十三歲	波西米亞「三十年戰爭」爆發。加入巴伐利亞公爵馬克西米蘭（Maximillian I of Bavaria）的軍隊，生活如常。四月，旅行德國。十一月十日夜間在烏爾姆（Ulm）一場連續的夢境中，悟到以數學為中心的新科學方法。
一六二〇	二十四歲	十一月，隨軍參與布拉格戰役。
一六二二	二十六歲	返抵法國，變賣部分繼承自母親的遺產，得到一份可觀的年俸。暢遊義大利等地，認為世界是一冊「最偉大的書」。開始寫作《心靈指導守則》，但未完成（原規劃三十六條守則，實際只寫了二十一條。後於笛卡兒死後的一七〇一年出版）。
一六二五	二十九歲	在巴黎結識了梅色納神父（Père Mersenne，一五八八～一六四八）及貝律爾主教（Cardinal Pierre de Bérule，一五七五～一六二九）。
一六二八	三十二歲	十一月，挑戰化學家向杜（Chandoux）。向杜以為科學皆依賴可能性（probability），笛卡兒則提出確定性（certainty）作為反駁。貝律爾主教甚為讚賞，鼓勵他作系統的報告。是年去荷蘭定居，住在Dordrecht，致力於寫作。但每一、二年必搬家一次，二十一年間，共遷居十四次。自謂要生活得好，「必須躲起來」。

一六二九	三十三歲	遷居Franeker，旋遷阿姆斯特丹。四月，註冊進入University of Franeker，師從Adriaan Metius。開始撰寫《世界論》。對荷蘭平靜而孤獨的生活極感滿意，戲稱自己是荷蘭「唯一一個不做買賣的人」。
一六三〇	三十四歲	化名波特文（Poitevin），遷往Leiden大學，隨Jacob Golius學數學、隨Martin Hortensius學天文學。旋回阿姆斯特丹。因比克曼有抄襲自己著作之嫌，與之交惡。
一六三二	三十六歲	遷居Deventer。
一六三三	三十七歲	完成《世界論》，準備次年出版。但因伽利略（Galileo Galilei，一五六四～一六四二）闡揚哥白尼太陽中心思想，羅馬教會以邪說論罪，笛卡兒遂隱藏《世界論》，終身未予發表（一六六四年出版時，笛卡兒已過世十四年）。
一六三四	三十八歲	返回阿姆斯特丹。
一六三五	三十九歲	住烏特雷池（Ultrecht）。笛卡兒終身未婚，是年寓所女僕海倫（Helène Jans）為他生下一女，名弗蘭馨（Francine）。
一六三六	四十歲	遷回Leiden，旋遷Egmond。
一六三七	四十一歲	用法文寫成《談談方法》，附〈折光學〉、〈氣象學〉、〈幾何學〉三篇論文，有意以通俗的文字和風格提倡方法學。
一六三八	四十二歲	遷居Santpoort。

一六四〇	四十四歲	返回Leiden。正在籌劃將女兒送往法國就學，但弗蘭馨因高燒不退，九月殤逝，年僅五歲，笛卡兒自謂是生命中最大的一次打擊。十月，父親去世。完成《沉思錄》。藉友人梅色納之助，廣徵當代著名學者意見，包含荷蘭的凱特（Johan de Kater，一五九〇～一六五五）、英國的霍布斯（Thomas Hobbes，一五八八～一六七九）、法國的伽桑狄（Pierre Gassendi，一五九二～一六五五）和梅色納本人，並分別詳為答辯。
一六四一	四十五歲	遷居Endegeest。《沉思錄》拉丁文本，連同六篇〈異議書和答辯〉在巴黎出版，副標題為「上帝的存在和靈魂不滅的探討」；有〈致索爾邦神學院的獻詞〉，並於封面上注明「索爾邦院士推薦」字樣。
一六四二	四十六歲	《沉思錄》於阿姆斯特丹再版。〈異議書和答辯〉增為七篇，副標題則改為「上帝的存在和身心殊途的探討」，而「索爾邦院士推薦」的字樣則從封面上刪除。是年在海牙認識波希米亞公主伊麗莎白（Princess Elisabeth of Bohemia，一六一八～一六八〇）。
一六四三	四十七歲	烏特雷池（Ultrecht）大學校長弗埃提烏士（Gisbertus Voetius，一五八九～一六七六）匿名控告笛卡兒為無神論者，並禁止在大學內講授笛卡兒哲學。笛卡兒有〈給弗埃提烏士的一封公開信〉。九月，烏特雷池議會判笛卡兒有罪，笛卡兒以法國公民身分拒絕在荷蘭受審。與伊麗莎白公主通信始於此年。最後一次遷居到Egmond-Binnen，居住六年，是居留荷蘭最長的一段時間，直至啟程赴瑞典。

一六四四	四十八歲	五月，旅行法國。十一月，回荷蘭。《哲學原理》拉丁文本出版，獻給伊麗莎白公主，卷首有〈致伊麗莎白公主獻辭〉。
一六四五	四十九歲	開始撰寫《靈魂的熱情》（或譯《情緒論》）。
一六四六	五十歲	《靈魂的熱情》全書以法文寫作，是年完成。
一六四七	五十一歲	法文本《沉思錄》在巴黎出版。烏特雷池大學醫學教授雷吉烏斯（**Henricus Regius**，一五八九～一六七九）原為笛卡兒忠心弟子，後因意見不合反目。四月，雷吉烏斯攻擊《哲學原理》，笛卡兒寫〈單面海報的評語〉辯護，再度強調心身二元和上帝存在的理論。
一六四八	五十二歲	四月十六日，青年新教徒布爾曼（**Frans Burman**）造訪，有〈布爾曼對話錄〉。九月，好友梅色納神父去世。是年完成《人體論》（一六六四年，與《世界論》同時出版）。
一六四九	五十三歲	經瑞典女王克麗絲提娜再三邀請，和法國駐瑞典公使夏紐（**Pierre Chanut**，一六〇一～一六六二）的慫恿，九月前往斯德哥爾摩為女王講學。《靈魂的熱情》在巴黎和阿姆斯特丹發行。
一六五〇	五十四歲	為女王授課皆在凌晨五點，向有晚起習慣的笛卡兒深以為苦。因住好友夏紐家，照拂夏紐肺炎之疾，遭到感染，於二月十一日患肺炎去世，女王深為自責。由於瑞典為新教國家，而笛卡兒信奉天主教，只能葬在斯德哥爾摩**Adolf Fredrikskyrkan**教堂兒童墓地。遺骸今存巴黎聖日耳曼修道院（Abbey of Saint-German-des-Prés）。現代德國學者**Theodor Ebert**相信笛卡兒死於砒霜中毒，是僧人**Friar François Viogué**蓄意的謀害，證據見其《笛卡兒死因之謎》（*Der rätselhafte Tod des René Descartes*）一書。

笛卡兒主要著作書目

（含拉丁文、法文、英文與中文）

1. *Oeuvres de Descartes*（《笛卡兒全集》），Charles Adam 與 Paul Tannery 編（Paris: Vrin/C.N.R.S., 1964-76）。含拉丁文與法文原著標準本，通稱 AT 本。

2. *Philosophical Writings of Descartes,* 2 vol.（《笛卡兒哲學著作》，上、下二冊），John Cottingham, Robert Stoothoff 與 Dugald Murdoch 編譯（Cambridge: Cambridge University Press, 1984-85）。通稱 CSM本。

3. *Meditations on First Philosophy*（《第一哲學沉思集》，即《沉思錄》），G. Heffernan 編譯（Notre Dame: University of Notre Dame Press, 1990）。

4. *Meditations on First Philosophy with Selections from the Objections and Replies*（《第一哲學沉思錄，附異議和答辯書（選）》），John Cottingham 編譯（Cambridge: Cambridge University Press,1996）。

5. *Meditations and other Metaphysical Writings*（《沉思錄及其他形上學著作》），Desmond M. Clarke 編譯（London: Penguin Books,1998）。

6. *Discourse on Method*（《談談方法》），Paul J. Olschamp 編譯（Indianopolis: Bobbs-Merrill, 1965）。

7. *Discourse on Method*（《談談方法》），John Veitch 譯（London: Everyman, 1994）。

8. *Principles of Philosophy*（《哲學原理》），R.P. Miller 譯（Dordrecht, The Netherlands: Synthese Historical Library, 1984）。

9. *The Passions of the Soul*（《靈魂的熱情》），Stephen Voss 譯（Indianopolis: Hackett Publishing Company, 1988）。

10. 《方法論》（即《談談方法》）（北京：商務印書館，一九三四）。
11. 《哲學原理》（北京：商務印書館，一九五八）。
12. 《第一哲學沉思集》（即《沉思錄》）（北京：商務印書館，一九八六）。
13. 《探求眞理的指導原則》（北京：商務印書館，一九九一）。
14. 《沉思錄》，附《哲學原理》，黎惟東編譯（臺北：志文出版社，二〇〇四）。
15. 《沉思錄》，周春塘編譯（臺北：五南圖書出版股份有限公司，二〇一〇）。
16. 《談談方法》，彭基相譯（臺北：五南圖書出版股份有限公司，二〇二〇）。
17. 《哲學原理》，關文運譯（臺北：五南圖書出版股份有限公司，二〇二三）。

經典名著文庫 160

哲學原理

Principia Philosophiæ

作　　者 —— 勒內．笛卡兒（René Descartes）
譯　　者 —— 關文運
導　　讀 —— 張炳陽
發 行 人 —— 楊榮川
總 經 理 —— 楊士清
總 編 輯 —— 楊秀麗
文庫策劃 —— 楊榮川
本書主編 —— 蔡宗沂
特約編輯 —— 龍品涵
封面設計 —— 姚孝慈
著者繪像 —— 莊河源
出 版 者 —— 五南圖書出版股份有限公司
地　　址 —— 臺北市大安區 106 和平東路二段 339 號 4 樓
電　　話 —— 02-27055066（代表號）
傳　　眞 —— 02-27066100
劃撥帳號 —— 01068953
戶　　名 —— 五南圖書出版股份有限公司
網　　址 —— https://www.wunan.com.tw
電子郵件 —— wunan@wunan.com.tw
法律顧問 —— 林勝安律師事務所　林勝安律師
出版日期 —— 2023 年 1 月初版一刷
定　　價 —— 220 元

國家圖書館出版品預行編目資料

哲學原理 / 勒內．笛卡兒 (René Descartes) 著 ; 關文運譯 . --
初版 -- 臺北市 : 五南圖書出版股份有限公司，2023.01
面 ; 公分 . -- (經典名著文庫 ; 160)
譯自 : Principia philosophiæ
ISBN 978-626-343-552-0(平裝)

1.CST: 笛卡兒 (Descartes, Rene, 1596-1650)　2.CST: 學術思想　3.CST: 哲學

146.31　　111019159